El cáncer de próstata

El cáncer de próstata

Dr. Miguel Ángel López Costea
Dr. Enric Barba Ibáñez

Amat
editorial

Autores: Miguel Ángel López Costea, Enric Barba Ibáñez
Director de la colección: Emili Ametlla

© Editorial Amat, S.L., Barcelona, 2010 (www.amateditorial.com)

ISBN: 978-84-9735-360-1
Depósito legal: B-46.686-2009
Diseño cubierta: XicArt
Maquetación: www.eximpre.com
Impreso por: Liberdúplex
Impreso en España - *Printed in Spain*

Índice

ÍNDICE

ÍNDICE

Prólogo

A María Eulalia Fernández

El cáncer de próstata (CdP) ha sido en EE.UU. en 2008 la causa más frecuente de nuevos casos de cáncer en los hombres (25% del total), seguido por el cáncer de pulmón y bronquios con un 15%. Su incidencia en EE.UU. es muy similar al cáncer de mama, una enfermedad mucho más mediática. Un 25% de todos los nuevos casos de cáncer en varones (186.320), porcentaje casi idéntico al del cáncer de mama: un 26% de todos los nuevos casos en mujeres (182.460).[1]

El porcentaje en la UE es similar. El 24,15 % de todos los nuevos casos de cáncer en los hombres europeos son de próstata, lo que supuso 301.500 nuevos casos diagnosti-

---

1. Los nuevos casos de cáncer en EE.UU. en 2008 se estiman en 1.437.180 (745.180 varones y 692.000 mujeres). Se estima que los fallecimientos por cáncer fueron 565.650 (294.120 hombres y 271.530 mujeres). La población de EE.UU. en 2008 fue de 304 millones de habitantes. *Cancer Facts and figures 2008, American Cancer Society.*

cados en 2006 en la Europa de 25 estados, seguido por el cáncer de pulmón con el 15,5%.[2] Los datos de Girona de 2002 son similares y lo sitúan en el primer lugar por orden de frecuencia, un 21,4%. El cáncer de próstata supera pues en incidencia al de pulmón en el varón (aunque no es tan mortífero) y, sin embargo, los anuncios de las cajetillas de tabaco hacen que el público suela pensar todo lo contrario. Datos de la comunidad de Madrid[3] sitúan la incidencia de cáncer de próstata en 106,6 casos por 100.000 varones, es decir, un 1 por mil.

Durante décadas un tema tabú, la mera mención del término cáncer de próstata es suficiente para que algunos hombres se encojan de miedo. ¿Es miedo, vergüenza o ignorancia? Cualquiera que sea la razón, algunos están más inclinados a ignorar los problemas potenciales de la próstata que a buscar la recomendación de un buen urólogo. La ausencia de campañas en los medios hace que la ignorancia sobre el cáncer de próstata esté muy extendida así como que se creen muchos mitos que distorsionan la realidad al ser verdades a medias.

Por ejemplo, que es un cáncer de ancianos y eso, por supuesto, es cierto, porque la edad media de diagnóstico en España son 74 años. Sin embargo si trazamos un histograma de incidencias por edad observaríamos un fuerte au-

2. Ferlay J, Autier M., Boniol M. y otros. *Estimaciones de la incidencia y de la mortalidad en Europa en 2006.* (en ingles). Annals of Oncology 2007, 18: 581-92.

3. Lujan Galán M. y otros. *Significado de la progresión del PSA tras PR.* Actas Urológicas españolas Abril 2006: 30 (4): 353-358

mento a partir de los 50 años, pero también su aparición en hombres aún más jóvenes, aunque por supuesto el máximo de incidencia se produzca en el intervalo de 70 a 80 años.

Otro mito es que es un cáncer curable, y por tanto no debe preocupar mucho. Aunque es verdad que lo es, en la mayoría de los casos, también es cierto que resulta mortal en un porcentaje significativo. Fue en EE.UU. en 2008 la segunda causa de muerte por cáncer en el varón (10%, 28.660 hombres, detrás del cáncer de pulmón y bronquios que fue el cáncer número uno con el 31%)[4], del mismo modo que fue segundo el cáncer de mama en las mujeres (15%, 40.480 mujeres, detrás del cáncer de pulmón con un 26%).

De todos los varones diagnosticados de cáncer de próstata, aunque el 97% está vivo a los 5 años del diagnóstico, sólo el 79% lo sigue estando a los 10 años. Estas cifras incluyen todos los grados del cáncer de próstata, pero excluyen las muertes por otras causas, de modo que son específicas de este cáncer.

El problema es que puede permanecer sin síntomas durante mucho tiempo y manifestarse cuando ya se ha diseminado, sobre todo a los huesos, por los que tiene una especial predilección. Es entonces cuando se produce una fractura ósea, una lesión de columna o bien una anemia inexplicable. Pero entonces hemos llegado demasiado tarde. De hecho, muchos de los cánceres de próstata se diagnostican

---

4. *Cancer Facts and figures 2008,* American Cancer Society

cuando el tumor ha generado metástasis o extensión a otras partes distantes del cuerpo.

El otro mito es que evoluciona muy lentamente y por tanto siempre tendremos tiempo. Aunque eso es verdad comparado con otros tipos de cáncer, la evolución del tumor dependerá de su grado de malignidad, que sólo se puede cuantificar mediante una biopsia (extracción de muestras de tejido de la próstata). Por eso, como en cualquier otro tipo de cáncer, la detección precoz es vital.

Este libro de divulgación dirigido al gran público es fruto de la colaboración entre un urólogo experto en el tema y uno de sus pacientes, al que se le practicó una prostatectomía radical laparoscópica. Pretendemos conseguir un doble objetivo.

Primero, aumentar el grado de concienciación entre los lectores de que necesitan hacerse controles anuales del estado de su próstata a partir de los 50 años (o antes si tienen antecedentes familiares) mediante un tacto rectal y la medida del PSA[5] con un sencillo análisis de sangre, porque a medida que se hagan mayores las probabilidades de ser afectados aumentan, aunque la mayoría de los hombres nunca contraerán esta temible enfermedad.

Nos sorprende por eso leer en algunos foros que haya que esperar a los resultados de extensos ensayos clínicos que se están efectuando en la actualidad antes de que las ins-

---

5. *Prostate Specific Antigen* en inglés = Antígeno Específico de la Próstata.

tituciones gubernamentales recomienden el PSA a nivel masivo para detectar en la población masculina la presencia o no de cáncer de próstata. Por supuesto, el PSA no es un marcador infalible del CdP pero su valor predictivo está contrastado estadísticamente (y para uno de los autores ha funcionado como un reloj). ¿Que puede detectar tumores localizados que no evolucionen negativamente? Sí, claro, pero ¿quién sabe en ese momento si ese cáncer resultará ser o no mortal con el transcurso del tiempo?

El segundo objetivo de este libro es facilitar información a los pacientes a los que ya se les ha detectado un cáncer de próstata, así como a sus familiares, en especial por el impacto psicológico que tiene en el paciente y en su familia que le hayan comunicado que tiene cáncer, un término que ocasiona pánico a muchos hombres.

Aunque es verdad que nadie puede decir con certeza absoluta qué tumores evolucionarán creando metástasis y resultando ser así mortales y los que no, sí se puede estimar, como veremos, la probabilidad de seguir viviendo mediante una biopsia. Y en función de los resultados de la biopsia, como explicaremos más adelante, el paciente necesita recibir de su médico información sobre los diferentes tratamientos que puede recibir, de sus ventajas y de sus inconvenientes, de los pros y los contras de éstos en función de su edad, de cuáles le ofrecen una mayor esperanza de vida, para que así pueda tomar junto con su urólogo y su familia, una decisión informada, aumentando de ese modo la sensación de control y confianza en sí mismo.

La decisión no es fácil, y está agravada por la confusión derivada de libros y páginas en Internet que ofrecen respuestas demasiado fáciles a cuestiones muy complejas, así como soluciones milagrosas exentas de contraindicaciones, que a todo el mundo le gustan pero que suelen estar alejadas de la realidad.

Por eso la decisión final del tratamiento a adoptar debe ser conjunta, de usted como paciente y de su médico. No obstante, cuando se pide a los pacientes que participen en la elección de su tratamiento es posible que caiga una pesada responsabilidad sobre sus hombros. Esperemos que el testimonio de uno de los autores sea una ayuda al respecto.

Por último, queremos expresar nuestro reconocimiento al Dr. Lluis Fumadó, tanto por sus excelentes aportaciones y críticas constructivas al conjunto de la obra como por su experta y práctica redacción del capítulo 8 del libro: «Tratamiento del cáncer de próstata diseminado o metastásico».

Miguel Ángel López Costea y Enric Barba Ibáñez

1. La glándula prostática. ¿Dónde se localiza y qué funciones tiene?

«Doctor, ¿para qué sirve la próstata?»

La próstata (del griego προστάτης - prostates, literalmente «el que está primero», «protector», «guardián») es un órgano glandular del aparato genital masculino, con forma de castaña, que tiene una doble función: colabora en la producción del líquido seminal que protege y nutre a los espermatozoides contenidos en el semen y dota al varón de un segundo esfínter urinario (control de la orina) cuyas fibras musculares se encuentran dentro de la glándula.

Se encuentra ubicada en la pelvis, por detrás del hueso púbico, debajo y a la salida de la vejiga urinaria. Rodea la primera parte de la uretra, el conducto por el que circula la orina y el semen hasta el pene. Está justo enfrente del recto, siendo éste un hecho importante, tanto para lo bueno: facilidad de diagnóstico (permite la exploración con el dedo), como para lo malo: posibles consecuencias de los tratamientos sobre el mismo (cirugía, radioterapia, etcétera.), por ejemplo, la rectitis actínica, es decir, la inflamación de la pared rectal provocada por la radioterapia (ver Figura 1.1).

Durante el orgasmo, el esperma es transmitido desde las vesículas seminales a la uretra, a través de los conductos eyaculadores que entran en la próstata La próstata fabrica el PSA. Cuando los espermatozoides de los testículos y el líquido seminal producido por las vesículas seminales (situadas justo encima y a los lados de la próstata) fluyen al interior de la próstata, se unen al PSA y a otras enzimas para constituir el fluido de la eyaculación. El PSA transformará esa sustancia viscosa en el semen. Así que la próstata resulta vital para la fecundación natural.

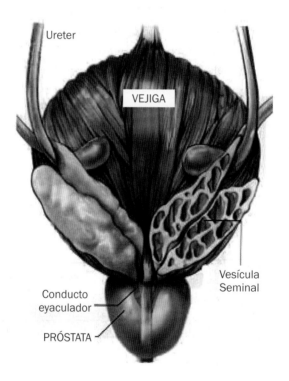

Figura 1.1. *Próstata y su ubicación.*

La glándula prostática

Suele pesar sólo unos 20 gramos cuando está sana. Sus medidas son variables, especialmente en los varones sobre los que asienta el cáncer, dado que en ellos coexisten fenómenos de agrandamiento de la glándula (hipertrofia) que hacen que sus volúmenes originales puedan multiplicarse hasta por 3 o 4 veces. En la glándula hay una parte central que contacta con la uretra y una parte periférica donde se producen la mayoría de cánceres de próstata.

El problema de la próstata es su diseño imperfecto: no tiene un sistema de desagüe externo que en caso de infección permita su salida al exterior de forma natural. La próstata envuelve la uretra, con un tubo de desagüe interno al que se une el conducto eyaculador. Lo que queremos decir en resumen es que su intervención será siempre una operación muy delicada. (Ver Figura 1.2)

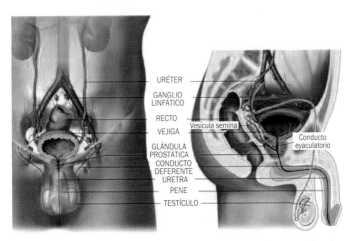

Figura 1.2. *Anatomía del sistema reproductor y el sistema urinario masculino. Fuente: Instituto Nacional del Cáncer, EE.UU.*

El adenoma o Hiperplasia Benigna de próstata (HBP)

Es el crecimiento de la glándula de forma benigna y en especial de su porción central—la que está en contacto con la uretra—lo que determina la aparición de síntomas urinarios de diferente tipo, pero especialmente asociados a la obstrucción de la uretra en su trayecto dentro de la próstata. Comprime la uretra de forma similar a como lo haría una abrazadera sobre una manguera. Ello afecta a la frecuencia urinaria y puede llegar a causar una micción en dos tiempos o incluso una retención urinaria completa, lo cual es una experiencia muy dolorosa. (Ver Figura.1.3).

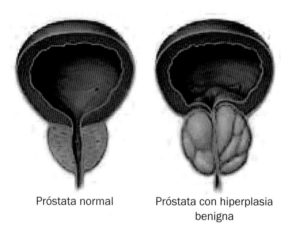

Próstata normal   Próstata con hiperplasia
benigna

Figura. 1.3. *Hiperplasia benigna de próstata. (HBP).*

La hiperplasia (aumento de tamaño) benigna prostática (HBP) consiste en un crecimiento excesivo del tamaño de la próstata. Es muy común en los varones a partir de 60 años.

La glándula prostática

Una de las diversas pruebas de diagnóstico de la HBP, entre otras, es la cistoscopia. Consiste en la introducción de un aparato (cistoscopio) por la uretra para llegar a la vejiga. Durante la introducción se puede a su vez visualizar la uretra y la zona de la próstata que está en contacto con la uretra. También se puede apreciar ese crecimiento si la próstata ha aumentado mucho de tamaño, puesto que en lugar de ver un orificio simple se verán los lóbulos de la próstata rellenando este orificio.

El diagnóstico diferencial con el cáncer de próstata se establece a través de:

- **Cuantificación del PSA** (antígeno prostático específico) en sangre. Se cuantifica tanto el PSA total como el PSA libre. Se hace la división entre el PSA libre y el PSA total. Si es mayor de 0,2 indicará HBP. Si es menor de 0,2 es probable que indique la existencia de un cáncer.

- **Ecografía prostática y densidad prostática**. Se cuantifica el volumen de la próstata y se relaciona con el PSA. Se divide el PSA por el volumen: Si es igual o menor que 0,15 se considera aceptable.

Por último, la prueba más fiable es la biopsia prostática.

Este aumento de tamaño de la próstata hay que distinguirlo claramente del cáncer, aunque puede coexistir con él, por lo que ante la aparición de síntomas urinarios el paciente debe acudir al especialista que realizará el diagnóstico seguro de la enfermedad.

Las medidas para tratar el adenoma de próstata suelen ser de dos tipos:

1) **Terapias basadas en medicamentos**, con el fin mejorar o disminuir los síntomas obstructivos e irritativos que deterioran la calidad de vida de los pacientes. Este tratamiento dirigido a los síntomas se hace con medicamentos alfabloqueantes, que relajan el músculo liso de la uretra y la vejiga, permitiendo una evacuación de orina casi normal y a su vez evitan la complicación más importante que es la retención urinaria completa.

2) **Intervenciones quirúrgicas.** La más habitual es la resección transuretral (RTU) de próstata, procedimiento en el cual se corta la próstata en pequeños fragmentos mediante un resectoscopio introducido a través de la uretra. (Ver Figura 1.4.)

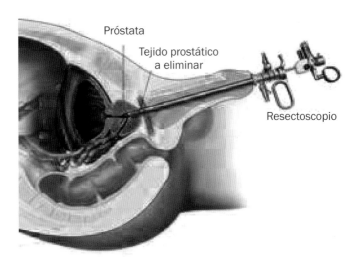

Figura 1.4. *Resección endoscópica de próstata*

Un varón intervenido de adenoma de próstata debe seguir realizando visitas periódicas preventivas al médico dado que la intervención que se le ha realizado no elimina en su totalidad la glándula prostática, sino sólo la porción que obstruye la uretra.

Una nueva técnica es la **vaporización fotoselectiva** de la próstata con láser verde u otros tipos de láser. Es una técnica muy segura y muy cómoda para el paciente, con cifras de sangrado muy bajas. Se introduce una pequeña fibra por el conducto de la orina (uretra) y a través de esta fibra se trasmite una energía láser de alta potencia que calienta selectivamente el tejido prostático, el cual comprime el conducto de la orina vaporizándolo. Simultáneamente fotocoagula los vasos sanguíneos, evitando así la posibilidad de sangrado. Esta ausencia de sangrado es una de las grandes ventajas del uso del láser. La vaporización y la fotocoagulación selectiva permiten reducir el tiempo de permanencia de la sonda en el postoperatorio y, por tanto, la estancia del paciente en el hospital que puede ser, por lo general, de 24 a 36 horas.

Para los pacientes con hiperplasia benigna de próstata y PSA elevado, una alternativa a los procedimientos de láser puede ser la resección mediante diferentes tipos de bisturí bipolar (no destruyen el tejido y así éste puede ser analizado por el patólogo). (Ver Figura 1.5.)

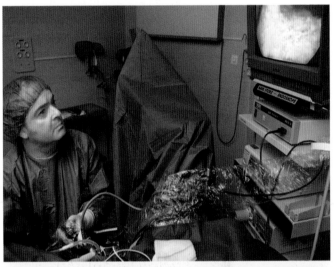

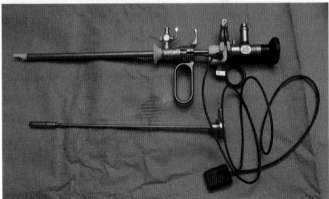

Figura 1.5. *Resección endoscópica de próstata tipo Plasmakine-tic^(TM).*

Puntos clave

- La próstata tiene una doble función: colabora en la producción de líquido seminal y tiene una función esfinteriana (actúa sobre la continencia urinaria como un segundo esfínter).
- El cáncer de próstata se asienta, la mayoría de veces, en la porción periférica de la glándula (la más accesible a la exploración rectal).
- El adenoma o HBP de próstata es el crecimiento benigno de la próstata. Cuando la próstata aumentada aprieta el conducto uretral, provoca síntomas de obstrucción al paso de orina.
- Las medidas para resolver la obstrucción benigna prostática son la mayoría de veces a través de la uretra (endoscópicas) donde se emplean energías como el láser o los bisturíes bipolares.
- El cáncer puede acompañar al adenoma. El urólogo es el especialista que debe realizar el diagnóstico de una o ambas situaciones.

La glándula prostática

2. El cáncer de próstata. Generalidades

En condiciones normales la reproducción celular está controlada y regulada por el organismo de manera ordenada. Cuando el ciclo de reproducción y muerte celular se encuentra alterado puede desarrollarse el cáncer y si esto sucede en la glándula prostática se produce el cáncer de próstata.

En algunos casos, el cáncer puede crecer de forma muy lenta durante algún tiempo y no producir síntoma alguno y en cambio, en otros casos, puede asistirse a un crecimiento mucho más rápido en función de la agresividad de las células que lo componen.

Las células malignas pueden mostrar una tendencia a crecer localmente pero también a extenderse por diferentes vías (la sangre o los conductos linfáticos) hacia otros órganos, produciendo tumores en esos órganos distantes. Estos tumores que proceden del tumor original son denominados metástasis. Las más frecuentes en el cáncer de próstata son las ganglionares y las óseas.

El objetivo primordial de todo tratamiento contra el cáncer es la erradicación de todas las células cancerosas, tanto las del tumor primario (donde inicialmente se ha desarrollado el cáncer) como, en la medida de lo posible, de las metástasis. La combinación de diferentes tipos de tratamiento (cirugía, radioterapia, quimioterapia y terapia hormonal) ha propiciado un drástico cambio en las expectativas de los pacientes afectados por esta enfermedad.

Dependencia androgénica de la próstata

La próstata se desarrolla bajo la influencia de los andrógenos (las hormonas sexuales masculinas, por ejemplo, la testosterona) y en el adulto se requiere la estimulación androgénica permanente para el mantenimiento de su función secretora.

La próstata posee receptores para esas hormonas, los denominados receptores androgénicos (RA), y el cáncer de próstata se asocia a cambios en esos receptores unidos a una diversidad de cambios genéticos y moleculares.

El cáncer de próstata hereditario

Los estudios epidemiológicos muestran que los familiares de pacientes afectados de cáncer de próstata tienen tres veces más probabilidades de padecer un cáncer de próstata que las personas que no tienen esos antecedentes. Los estudios realizados en familias afectadas han puesto de manifiesto además la existencia de genes susceptibles al desarrollo de la enfermedad.

El cáncer de próstata familiar representa el 9% del total de los carcinomas prostáticos, ocupando un lugar destacado entre los cánceres hereditarios por delante del carcinoma de colon y del de mama y por detrás del melanoma de piel y del carcinoma de ovario.

Por este motivo, existe unanimidad de criterio a la hora de recomendar a los familiares directos de pacientes afectados de cáncer prostático la realización de pruebas de cribado (revisiones) periódicas.

Incidencia del cáncer de próstata en diferentes países

El cáncer de próstata representa en la actualidad la causa más frecuente de cáncer en el varón (33% de todos los cánceres) y la segunda causa de muerte por cáncer en el hombre (10%, detrás del cáncer de pulmón y bronquios que representa el 31%). (Ver Figuras 2.1 y 2.2)

Según datos de la International Agency for Research on Cancer[6] (organismo dependiente de la Organización Mundial de la Salud), la incidencia de cáncer de próstata ajustada a la población mundial fue de 25,3 casos /100.000 habitantes, con una importante diferencia entre países (desde 119,9 casos/100.000 habitantes en Norteamérica hasta 7 casos/100.000 habitantes en Asia).

En cuanto a la mortalidad por esta enfermedad también encontramos diferencias importantes según la zona geo-

---

6. Agencia Internacional para la Investigación sobre el Cáncer

El cáncer de próstata

gráfica de la que hablemos. En los EE.UU., en el año 2002, la mortalidad por cáncer de próstata para todas las razas fue de 28,1/100.000 varones apreciándose una reducción de la mortalidad significativa desde 1993, gracias a la detección precoz.

La estimación de la incidencia de cáncer de próstata en la UE en 1998 fue de 67,55 casos/100.000 habitantes también con notables diferencias entre países, destacando Finlandia con una incidencia de 121,84 casos/100.000 habitantes y Grecia con sólo 41 casos/100.000 habitantes.

En cuanto a la mortalidad ajustada a la población estándar europea, fue de 25,5 /100.000 habitantes, siendo Suecia el país de mayor mortalidad y Grecia el de menor. En cuanto a la evolución de la mortalidad en los países de la UE, no parecen existir cambios de tendencia significativos en los últimos años.

En España los datos disponibles (según la base de datos EUCAN) muestran una incidencia ajustada a la población mundial de 55,2 casos /100.000 habitantes y una mortalidad de 19,6 casos /100.000 habitantes. Datos de la comunidad de Madrid[7] sitúan la incidencia de cáncer de próstata en 106,6 casos por 100.000 varones, es decir, un 1 por mil.

---

7. LUJAN GALÁN M. y otros. *Significado de la progresión del PSA tras PR.* Actas Urológicas españolas Abril 2006: 30 (4): 353-358

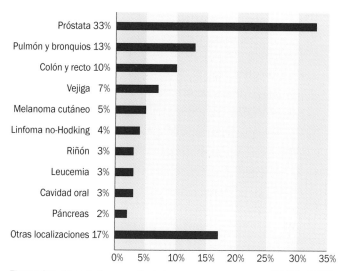

Figura 2.1. *Tasa de frecuencia de tumores en varones en EE.UU., 2005. Fuente: Jemal y otros en* Cancer J Clin 2005; *55: 10-30).*

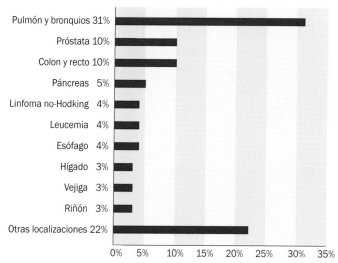

Figura 2.2. *Tasa de mortalidad por cáncer en varones en EE.UU., 2005. Fuente: Jemal y otros en* Cancer J Clin 2005; *55: 10-30).*

Puntos clave

- El cáncer de próstata ocurre cuando el ciclo de reproducción y muerte celular de las células prostáticas se encuentra alterado.

- La próstata se desarrolla bajo la influencia de los andrógenos (hormonas sexuales masculinas o testosterona) existiendo receptores androgénicos para esas hormonas en la glándula.

- El cáncer de próstata se asocia a cambios en los receptores para los andrógenos, unidos a diferentes cambios genéticos y moleculares.

- El cáncer de próstata familiar representa el 9% del total de cánceres prostáticos.

- Es recomendable la revisión periódica y cribado de los familiares directos de pacientes afectos de cáncer de próstata.

- El cáncer de próstata es la causa más frecuente de cáncer en el hombre (33%) y la segunda causa de muerte por cáncer en el hombre (10%).

3. Diagnóstico del cáncer de próstata

Por desgracia, la mayoría de cánceres son diagnosticados de forma tardía, es decir, su diagnóstico se produce cuando el tamaño tumoral excede los límites del órgano en que se origina o bien ya se han producido metástasis en otros órganos distantes. Cualquiera de las anteriores circunstancias tendrá consecuencias sobre el pronóstico de la enfermedad y comportará la aplicación de diferentes tratamientos para intentar mejorar la supervivencia del paciente y, en la medida de lo posible, no alterar en demasía la calidad de vida de los enfermos.

El cáncer de próstata tiene unas características diferenciales sobre otros carcinomas que permiten un diagnóstico de la enfermedad en una fase más precoz, lo que indudablemente afectará a la secuencia de los diferentes tipos de tratamiento y su impacto en la vida de los pacientes.

La situación de la glándula prostática, a escasos centímetros del margen anal, permite la exploración física de la misma mediante el denominado tacto rectal. Esta sencilla técnica exploratoria nos permite la palpación de nódulos o induraciones en la denominada próstata caudal, lugar de asiento más frecuente de los carcinomas de la próstata.

Por otra parte, disponemos de una determinación analítica en sangre denominada PSA (Antígeno Específico Prostático), cuya difusión en la población ha propiciado, muy probablemente, la detección precoz de la enfermedad y la mejora de los casos diagnosticados en etapas muy tempranas de la enfermedad.

A todo ello hay que sumar el mejor conocimiento de las técnicas ecográficas y de la metodología de la biopsia prostática dirigida por ecografía, que constituye otro pilar imprescindible en el diagnóstico precoz del cáncer de próstata.

En este capítulo trataremos de desarrollar todos aquellos elementos relacionados con el diagnóstico, que nos permitan definir a su vez el cáncer prostático y sistematizarlo para su posterior tratamiento.

El tacto rectal en el diagnóstico precoz del cáncer de próstata

Desde que en las revisiones médicas periódicas se realiza la determinación del PSA en el análisis de sangre para la prevención del cáncer de próstata y, especialmente en los casos en los que el resultado del análisis es un valor inferior a 4 ng/ml (nanogramos/mililitro), existe la tendencia a soslayar la práctica del tacto rectal para el examen de la próstata si la visita no se realiza en la consulta del urólogo.

Aunque su vigencia es menor en esta era del PSA, no debemos olvidar que un porcentaje de carcinomas pueden ser detectados mediante el examen digital de la próstata y en cambio pueden ir asociados a un valor de PSA normal. A título de ejemplo, el general Norman Schwarzkopf (Guerra del Golfo, 1991) sufrió cáncer de próstata con un PSA de sólo 1,2.

Por otra parte el tacto rectal nos proporciona información clínica valiosa acerca del volumen glandular, explora con mayor precisión ciertas partes de la glándula y permite la exploración de la región ano-rectal (no es infrecuente que el urólogo realice algunas veces el diagnóstico de un cáncer rectal).

Diagnóstico

En la actualidad, el especialista lo utiliza rutinariamente también en la estadificación de la enfermedad (una vez el cáncer ha sido diagnosticado, debemos clasificarlo en sus diferentes niveles a fin de proponer al paciente la mejor opción de tratamiento) y en el seguimiento posterior tras la realización de radioterapia, braquiterapia, HIFU o criocirugía.

La técnica debe permitir recorrer toda la superficie de la próstata (ver Figura 3.1), dependiendo de las preferencias del urólogo la posición a adoptar el paciente durante la exploración.

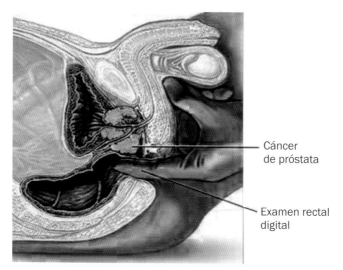

Cáncer
de próstata

Examen rectal
digital

Figura 3.1. *Tacto rectal.*

El antígeno específico de la próstata (PSA) en el diagnóstico precoz del cáncer de próstata

La glándula prostática produce una proteína llamada PSA, que se elimina en el líquido prostático y cuya función principal es la licuación del coágulo seminal, resultando de esa acción un incremento en la movilidad espermática. Las células cancerosas segregan PSA en la sangre en una proporción 10 veces superior a la que lo hacen las células normales de la próstata.

A partir de 1980 fue posible su detección en la sangre humana y desde entonces se ha convertido en un marcador muy eficaz en la detección precoz y en el seguimiento de los pacientes con cáncer de próstata.

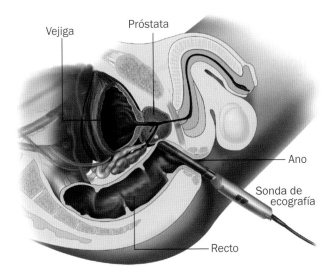

Figura 3.2. *Biopsia de próstata guiada por ecografía transrectal. Se inserta una sonda de ecografía en el recto para mostrar dónde se encuentra el tumor. Después, se inserta una aguja por el recto hasta la próstata para extraer tejido de la próstata. Fuente: Instituto Nacional del Cáncer, EE.UU.*

En realidad, el patólogo emitirá su dictamen sobre la base exclusiva de esas muestras. Que ninguna de las muestras no presente cáncer no significa que en el resto de la próstata no exista. De ahí, por tanto, la necesidad de obtener un número suficiente de muestras, sobre todo en el caso de los pacientes más jóvenes.

Es necesario adecuar el número de cilindros (muestras) a obtener en función de la edad del paciente y su tamaño prostático. La Tabla 3.2 nos muestra cómo, para un tamaño dado, por ejemplo, 20 centímetros cúbicos, el número teórico de cilindros debe ser mayor cuanto más joven sea el paciente: 15 para 50 años y sólo 3 para 75 años. A su vez, para una edad en particular, por ejemplo, 60 años, se necesita un mayor número de cilindros cuanto mayor sea el tamaño de la próstata: 4 si fuese de 10 centímetros cúbicos y 13 si fuese de 40 centímetros cúbicos.

Edad / Tamaño(cc)	50	55	60	65	70	75
10	8	5	4	3	2	2
20	15	10	7	5	4	3
30	23	15	10	7	5	4
40		20	13	9	7	5
50			17	11	8	6
60			20	13	10	7
80				18	13	9

Tabla 3.2. *Número de muestras (cilindros) necesarias en la biopsia en función de la edad y del tamaño de la próstata (en centímetros cúbicos) del paciente. Tomado de Vashi et al (J. Urol 1998; 159: 920-4)*

Cuando el patólogo nos envía el informe con los resultados podemos encontrar algunas descripciones en forma de gradaciones, acrónimos o siglas que trataremos de hacer más entendibles.

Afortunadamente, la mayoría de las veces el diagnóstico es de benignidad y el informe suele contener la expresión hiperplasia prostática benigna (HBP).

Otras veces, aunque el dictamen no sea de cáncer, el informe de la biopsia que hace el patólogo puede hacer mención de dos acrónimos o siglas: PIN (Prostatic Intraepithelial Neoplasia)[10] de bajo grado o PIN de alto grado (PIN AG) y/o ASAP (microglándulas atípicas sospechosas de carcinoma).

La PIN indica que no hay cáncer pero sí una multiplicación de las células más rápida de lo normal, por lo que puede que en el futuro se desarrolle un cáncer. Una PIN de bajo grado apenas tiene significación clínica, suele ser inocua. El significado de una PIN de Alto Grado (PIN AG) es aún hoy algo confuso, pero en el momento actual se considera que a cerca de un 24% de pacientes afectados de una PIN AG se les encontrará un carcinoma en el futuro y, por tanto, es una lesión pre-maligna. Algunos autores elevan esa cifra al 50%.[11] La postura general actual es no volver a hacer una biopsia antes de 1 año de la primera biopsia, existiendo diferentes posturas en función de la evolución del PSA, las características del paciente y el enfoque clínico de cada especialista.

En relación al dictamen ASAP el patólogo se refiere a que existe un pequeño grupo de células con anomalías, lo cual puede ser expresión de un carcinoma actual o próximo (puede ocurrir hasta en un 38% de los casos diagnosticados como ASAP), por lo que el criterio suele ser volver a hacer una biopsia en un plazo más corto, entre 3 y 6 meses.

En otras ocasiones el informe se refiere claramente a un diagnóstico positivo de «adenocarcinoma de próstata» (el

---

10. Neoplasia intraepitelial prostática
11. Dr. Taguchi en *La próstata*, Ed. Amat, Barcelona, 2001.

término adenocarcinoma se usa en los cánceres de glándulas y, por tanto, en los de mama y de próstata), al que se añade un sistema de gradación numérico propuesto por Donald Gleason en 1966, que es el aceptado actualmente por la Organización Mundial de la Salud. El grado Gleason refleja la opinión del patólogo y determina el plan de acción del urólogo.

El resultado de este sistema es la obtención de un índice de anormalidad de las células que componen el tumor. El patólogo otorga una puntuación de 1 a 5 a las células tumorales en función del nivel de semejanza con las células prostáticas normales (1 significa que son células muy parecidas a la célula prostática normal (bueno) y 5 que son células muy diferentes (malo). Por tanto, es una escala en el que el paso de 1 a 5, significa un peor pronóstico en términos de salud. Observe en la Figura 3.3 el deterioro celular a medida que aumenta el grado Gleason. El patólogo toma en cuenta las dos puntuaciones más frecuentes que ha observado en el microscopio, les asigna a cada una un grado de 1 a 5, las suma y así obtenemos el índice de Gleason, que irá, lógicamente, de 2 a 10.

Por ejemplo, si la mayoría de células (más del 50%) «Primario» son de grado 3 y el segundo tipo de célula más frecuente «Secundario» es de grado 4, el índice de Gleason será de 3+4= grado 7. Observe que tiene peor pronóstico sufrir un 4+3 que un 3+4, aunque el índice de Gleason sea también 7, porque un 4+3 indica que la mayoría de las células están al nivel 4. En cambio un 3+4 indica que la mayoría de las células están al nivel 3.

Según esta clasificación y en relación al riesgo de progresión de la enfermedad y la supervivencia de la misma, podemos realizar esta clasificación:

- **Riesgo bajo:** Grado 6 de Gleason e inferiores (tumores de crecimiento lento)

- **Riesgo intermedio:** Grado 7 de Gleason

- **Riesgo alto:** Grado 8 de Gleason y superiores (tumores agresivos)

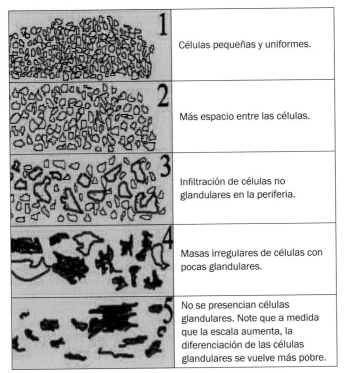

1	Células pequeñas y uniformes.
2	Más espacio entre las células.
3	Infiltración de células no glandulares en la periferia.
4	Masas irregulares de células con pocas glandulares.
5	No se presencian células glandulares. Note que a medida que la escala aumenta, la diferenciación de las células glandulares se vuelve más pobre.

Figura 3.3. *Escala de Gleason, asociando la morfología de la glándula prostática con el riesgo de cáncer de próstata. Fuente. PSA Wikipedia.*

Clasificación del cáncer de próstata por fases (estadios). Diferentes niveles de la enfermedad.

Existen diferentes formas de clasificar el cáncer de próstata en función de la extensión tumoral (clasificación TNM), el grado de Gleason ya comentado, el conjunto de circunstancias clínicas (PSA, tacto rectal previo al tratamiento instaurado) y los factores que nos aporta el patólogo una vez extirpada la glándula.

Todo ello proporciona al urólogo una serie de informaciones que le ayudarán a diseñar junto a otros especialistas y considerando siempre la edad, características y expectativas del paciente, la mejor terapia aplicable en cada caso.

TNM

El TNM[12] es una herramienta de clasificación de diferentes tumores que data de 1992 y sus siglas se corresponden con la siguiente definición:

- **T** (características del tumor primario relacionada con el tamaño tumoral)
- **N** (se ha extendido o no a los ganglios linfáticos)
- **M** (presencia o no de metástasis).

Clasificación TNM
T: Tumor primario

Tx No se puede evaluar el tumor primario

T0 No hay evidencia de tumor primario

---

12. TNM= Tumor Node Mestastasis

T1 Tumor no evidente a la palpación ni por técnicas de imagen

T1a Tumor detectado de forma fortuita (tras resección de próstata y sin sospecha previa de cáncer) en una extensión menor o igual del 5% del tejido resecado

T1b Tumor detectado de forma fortuita en una extensión mayor del 5% del tejido resecado

T1c Tumor identificado mediante punción en una biopsia (a consecuencia de un PSA elevado).

T2 Tumor confinado a la próstata

T2a El tumor abarca la mitad de un lóbulo o menos

T2b El tumor abarca más de la mitad de un lóbulo pero sin afectar los dos

T2c El tumor abarca ambos lóbulos

T3 Tumor con extensión que supera la cápsula prostática

T3a Extensión extracapsular unilateral o bilateral

T3b Tumor con invasión de vesículas seminales

T4 Tumor fijo o que se extiende a estructuras vecinas como el cuello vesical, el recto, la pared pélvica, etcétera.

En fases avanzadas, cuando el cáncer se ha extendido mas allá de la próstata —primero en los ganglios linfáticos y más tarde en los huesos y en otros órganos— se utilizan otros términos:

N: Ganglios regionales

Nx No se han evaluado o no es posible la evaluación de los ganglios linfáticos

N0 No se demuestran metástasis ganglionares regionales (de la zona)

N1 Metástasis en ganglios linfáticos regionales pero el (los) ganglio(s) afectado(s) han aumentado menos de 2 centímetros

N2 Metástasis en ganglios linfáticos regionales pero el (los) ganglio(s) afectado(s) han aumentado más de 2 centímetros.

M: Metástasis a distancia

Mx No es posible la evaluación de metástasis

M0 No hay metástasis a distancia

M1 Metástasis a distancia

> M1a Metástasis en ganglios linfáticos distintos de la zona
>
> M1b Metástasis en los huesos
>
> M1c Metástasis en localizaciones distintas del esqueleto, por ejemplo, el hígado.

En el cáncer de próstata, la clasificación TNM es muy útil ya que nos permite ubicarlo en sus diferentes fases o estadios. Si realizamos una evaluación del cáncer de próstata mediante biopsia antes de proceder a cualquier tratamiento, la denominamos fase clínica (c) y se coloca la letra «c» delante del dato TNM. Si, en cambio, realizamos la evaluación y clasificación a partir de los datos que nos proporciona la pieza obtenida mediante prostatectomía, esto es, una vez extirpada la próstata, lo denominamos estadio patológico (p) y se coloca la letra «p» delante del dato TNM.

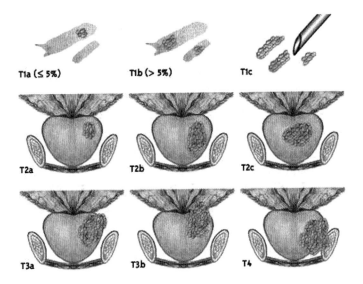

T1a (≤ 5%)   T1b (> 5%)   T1c

T2a   T2b   T2c

T3a   T3b   T4

Figura 3.4. *Extensión del tumor según el sistema de clasificación TNM de cáncer de próstata.* **T1a** *(detectado en una resección y ocupa menos de un 5%);* **T1b** *(ocupa más de un 5%);* **T1c** *(detectado mediante biopsia);* **T2** *(confinado a la próstata pero va aumentando la extensión: T2a, T2b, T2c);* **T3** *(se extiende más allá de la próstata);* **T3a** *(extracapsular);* **T3b** *(invade las vesículas seminales);* **T4** *(se extiende a zonas vecinas).*

Vamos a poner dos ejemplos para observar los dos tipos de clasificación con los que un paciente afectado de cáncer de próstata puede ser tipificado.

Luis está diagnosticado de un cáncer de próstata tras haberle sido realizada una biopsia de próstata guiada por ecografía en un contexto de elevación de PSA. El tacto rectal no muestra ningún dato de sospecha por lo que el estadio clínico de la enfermedad (es decir, antes de realizar ningún procedimiento terapéutico) será cT1c.

Diagnóstico

Miguel ha sido intervenido quirúrgicamente de su cáncer de próstata, que le fue diagnosticado porque su urólogo reconoció la existencia de un nódulo en el lóbulo derecho de la próstata mediante tacto rectal lo que unido a un PSA elevado determinó una biopsia y el diagnóstico definitivo. Con la próstata extirpada el patólogo elaboró un informe en el que constata la existencia de un tumor de 15 milímetros situado en el lóbulo derecho, sin afectar la cápsula (extremos) de la próstata, por lo que Miguel fue clasificado como pT2a.

Otras exploraciones diagnósticas

Resonancia Magnética Nuclear (RMN)

En la actualidad la RMN proporciona las mejores imágenes para el estudio de la glándula prostática, aunque, a día de hoy, su uso no está aún muy extendido, puesto que sólo se puede realizar en los centros que dispongan del equipo necesario.

Sin embargo, la RMN tiene un papel importante en la denominada estadificación o clasificación por estadios de la enfermedad, es decir, en la valoración del tamaño del tumor, su ubicación y la definición de los lugares anatómicos que afecta el cáncer.

El manejo de los pacientes afectados de cáncer de próstata depende de varios factores, siendo uno de los más importantes el conocido como estadio de la enfermedad. Los tumores confinados al interior de la glándula serán tratados generalmente con cirugía, braquiterapia o radioterapia y los que superan el límite de la cápsula prostática serán tratados habitualmente con radioterapia y bloqueo hormonal.

Es esencial, por tanto, la mejor definición de la localización tumoral y la más exacta definición de las estructuras implicadas en el proceso tumoral, a fin de no realizar una terapia inadecuada.

Dado que ni el tacto rectal, ni el PSA, ni el índice de Gleason ni otras exploraciones de imagen como el TAC (escáner) o la gammagrafía ósea nos permiten conocer con precisión los aspectos anteriormente comentados, hemos de recurrir a otras técnicas de imagen como la RMN para un mejor conocimiento de la enfermedad.

La RMN pélvica y con antena endorectal tiene una certeza diagnóstica del 82-88% y permite la evaluación en el mismo estudio de la extensión de la enfermedad, la valoración ganglionar y las metástasis óseas. (Ver Figura 3.5).

La indicación de realización de RMN con antena endorectal sería especialmente útil en aquellos pacientes que desean ser operados pero donde los datos clínicos (PSA, tacto rectal y grado de Gleason) contradicen esa opción. Su empleo nos permitiría una mejor definición de la extensión del cáncer (si está confinado a la próstata o más allá de la cápsula prostática) y el consiguiente replanteamiento terapéutico derivado de este hallazgo.

No estaría indicada su realización en casos de enfermedad de bajo riesgo o en pacientes en los que los datos clínicos contraindican claramente la cirugía.

Diagnóstico

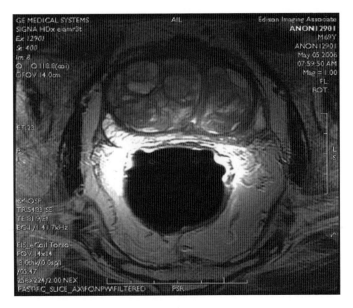

Figura 3.5. *Imagen de la próstata obtenida por RMN con antena endorectal en la que se aprecia en negro y en el centro la luz rectal y por encima la próstata y sus límites anatómicos. Se precisa así mucho mejor la anatomía glandular.*

Recientemente se está evaluando el empleo de forma sistemática en casos dudosos, de la espectroscopia de protón, una variedad de la RMN, que permitiría la captación de una determinada actividad metabólica del tejido prostático. Esta información metabólica nos permitiría la distinción entre hipertrofia benigna de próstata y cáncer.

Pongamos un caso clínico a título de ejemplo:
Antonio, de 62 años de edad, ha sido diagnosticado de un cáncer de próstata. El informe patológico de la biopsia menciona una puntuación de Gleason alta, de 8 (4+4). Su

nivel sanguíneo de PSA era alto, de 13 ng/ml, y el tacto rectal realizado por su urólogo había detectado en el lóbulo derecho de la próstata la existencia de un nódulo duro de más de 1 centímetro de diámetro que se extendía hacia el apex prostático (la zona más cercana a la uretra).

El caso de Antonio puede ilustrar la indicación de realización de una RMN. Su situación clínica puede estar en el límite para la indicación de prostatectomía[13] radical, porque, como veremos en el capítulo 5, es posible que su enfermedad haya ya sobrepasado los límites de la glándula prostática y, en ese caso, la cirugía no pueda aportar un beneficio en términos de supervivencia y control de la enfermedad.

Por otra parte, también existe en este caso un riesgo aumentado de afectación ganglionar, dado el PSA que tiene el paciente (13 ng/ml) y la puntuación de Gleason (8), por lo que la realización de una RMN puede ser útil para la estadificación de la enfermedad.

Gammagrafía ósea

Es una prueba de Medicina Nuclear que consiste en la administración intravenosa de un isótopo radiactivo que tiene especial capacidad de ser captado por el hueso y por una metástasis ubicada en el mismo. Esta radiación es captada por una gamma-cámara y traducida a una imagen de la totalidad del esqueleto corporal.

---

13. Extirpación de la próstata. Ver capítulo 5.

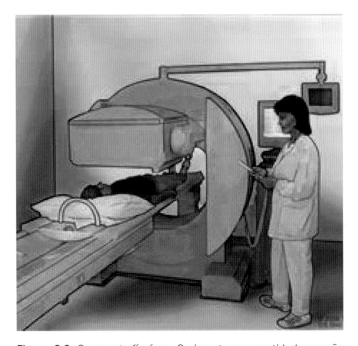

Figura. 3.6. *Gammagrafía ósea. Se inyecta una cantidad pequeña de material radiactivo en el torrente sanguíneo del paciente. El material radiactivo se acumula en las células anormales de los huesos. Mientras el paciente está acostado sobre una camilla que se desliza debajo del escáner, se detecta el material radiactivo y se crean imágenes en la pantalla de una computadora o en una película. Fuente. Instituto Nacional Cáncer, EE.UU.*

El cáncer de próstata tiene diversas vías de propagación de la enfermedad, siendo las metástasis óseas las que más se observan cuando la enfermedad se encuentra en fase avanzada. Además, la afectación ósea es responsable del deterioro de la calidad de vida de los pacientes y puede excluir, cuando está presente, la realización de terapias radicales basadas en la cirugía.

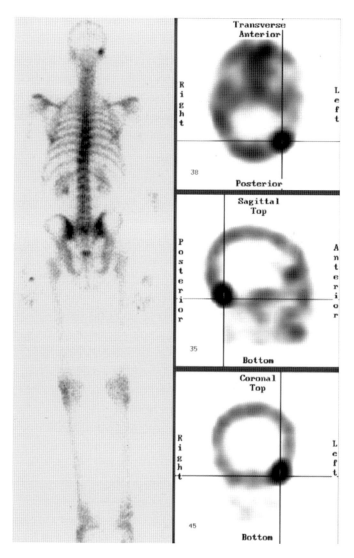

Figura 3.7. *Gammagrafía ósea con imagen de hipercaptación del isótopo radioactivo en los huesos (en negro), y en particular, en el cráneo, lo que confirmaría una metástasis ósea.*

En la actualidad, y especialmente cuando el cáncer de próstata es diagnosticado con niveles bajos de PSA, es excepcional encontrar metástasis óseas en las fases tempranas de la enfermedad. Por ello, afortunadamente, la utilización de la gammagrafía ósea se ha reducido considerablemente y la mayoría de especialistas no la solicitan si el PSA es menor de 20 ng/ml y el grado Gleason es inferior a 8.

Puntos clave

- La combinación del tacto rectal y PSA (que configura la selección de los pacientes candidatos a una biopsia de próstata) permite el diagnóstico precoz del cáncer de próstata.
- La biopsia de próstata ecodirigida es un instrumento eficaz para el diagnóstico del cáncer prostático y debe realizarse con una sistemática individualizada para cada paciente.
- El sistema de gradación de Gleason permite distinguir entre diferentes situaciones de riesgo de progresión de la enfermedad y afecta al tratamiento que propondremos.
- La clasificación TNM, junto al nivel de PSA en el momento del diagnóstico y el grado de Gleason, constituyen un instrumento necesario para el planteamiento terapéutico (tratamiento) y permiten una evaluación del pronóstico de la enfermedad.
- La RMN y la gammagrafía ósea ayudan a definir si la enfermedad está localizada en la próstata o bien se ha extendido a otras zonas.

4. Factores que afectan el pronóstico del cáncer de próstata

Grado de Gleason

Es un importante factor pronóstico de la enfermedad y se asocia a un peor pronóstico cuanto mayor sea la puntuación (una puntuación de 6 tiene mucho mejor pronóstico que una de 9).

Si añadimos a la valoración de Gleason el estadio tumoral (usando la clasificación TNM) de la enfermedad la certeza del pronóstico será aún mayor. Es importante destacar que la estimación del grado de Gleason es mucho más exacta si proviene del examen de toda la próstata una vez extirpada que si se efectúa a partir de los cilindros de biopsia obtenidos mediante ecografía transrectal, ya que éstos representan sólo una muestra, aparte de que puede que no sean los mismos patólogos los que examinan las muestras de la biopsia y la próstata extirpada.

De esta manera, en un porcentaje significativo de casos, puede existir un cierto error en la valoración de un grado de Gleason a partir del material de una biopsia y que eso implique una terapia inadecuada en determinados pacientes. Puede ocurrir, por ejemplo que se puntúe la biopsia como grado 6 (3+3) y luego se puntúe la próstata extirpada con un grado 7 (4+3) con un pronóstico más desfavorable. Este fenómeno lo conocemos en la práctica clínica diaria como **infraestadiaje**, que se produce cuando el conjunto de variables clínicas (tacto rectal , PSA y grado de Gleason obtenido por biopsia) no nos proporciona una idea real del alcance de la enfermedad y nos puede inclinar a la práctica de terapias conservadoras o inapropiadas en un porcentaje de casos.

Ejemplo de infraestadiaje

Carlos, de 57 años de edad, tiene un cáncer de próstata diagnosticado tras biopsia, a raíz de una elevación del PSA a 6,2 ng/ml, sin sospecha en la exploración rectal practicada. La puntuación de Gleason otorgada por el primer patólogo que procesó la biopsia fue de 7 (Gleason 3+4). Eso significaría que la mayoría de las células son de grado 3 con un pronóstico más favorable. Entre las diferentes opciones terapéuticas propuestas, el paciente escogió la cirugía y le fue realizada una prostatectomía radical y linfadenectomía (extirpación de próstata y ganglios).[14]

Sin embargo, el resultado patológico final por parte del segundo patólogo que analizó la totalidad de la próstata fue mayor: 8 (Gleason 4+4). Eso significaría que la mayoría de las células son de grado 4 con un pronóstico no tan favorable. En este caso, se había optado por la cirugía como el procedimiento más seguro para la curación de la enferme-

---

14. Ver capítulo 5

dad, pero se hubieran podido proponer otras alternativas como la braquiterapia[15] en base al dictamen de la primera biopsia, que no hubiera sido una medida apropiada si en el momento de la decisión se hubiera conocido el Gleason real de 8.

Antígeno específico prostático (PSA)

El nivel de PSA en el momento del diagnóstico del cáncer de próstata es un dato clínico que puede relacionarse con diferentes factores desfavorables postquirúrgicos, es decir, que se conocen tras extirpar la glándula prostática, como son la invasión de la cápsula (superficie externa) prostática, el tamaño del tumor o una mayor incidencia de los denominados «márgenes quirúrgicos positivos» (el patólogo nos informa de que se hallan afectadas las zonas vecinas de la próstata como la uretra o la vejiga).

Tras la extirpación de la próstata mediante cirugía, el PSA puede volver a aumentar después de desaparecer, fenómeno denominado progresión bioquímica (PBQ), que se explicará en el capítulo 7. Eso puede significar que existe una recurrencia del cáncer.

Ejemplo de elevación del PSA tras cirugía (PBQ)

A Juan se le realizó una prostatectomía radical (extirpación de próstata) hace 3 años y el patólogo informó de la existencia de una infiltración de la cápsula (superficie externa) prostática por el tumor. Durante tres años el paciente ha seguido controles y su PSA siempre ha sido menor de 0,1 ng/ml. Pero

---

15. Ver capítulo 5

en el último control se ha observado un aumento de su PSA a 1 ng/ml. Aunque el valor es bajo si tuviera próstata, como ahora ya no la tiene, deberá entrar en una vía de seguimiento especial para observar si se produce un incremento mayor en un intervalo de tiempo determinado. En ese caso se realizará un tratamiento complementario (la mayoría de las veces radioterapia, si no hay metástasis a distancia).

Lugar o foco de origen.

La glándula prostática está compuesta de tres partes: la zona periférica, la zona transicional (en contacto con la uretra) y la zona central. (Ver figura 4.1). Existen evidencias sobre diferentes aspectos relacionados con la supervivencia que permitirían afirmar que los tumores que se presentan en la zona transicional tienen mejor pronóstico que los ubicados en las otras dos zonas.

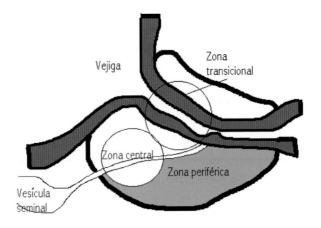

Figura. 4.1. *Sección de la próstata mostrando tres zonas. Un tumor en la zona transicional (en contacto con la uretra) tiene mejor pronóstico.*

Multifocalidad

Los tumores de la próstata pueden ser únicos o pueden coexistir varios de diferente tamaño y localización. La multifocalidad es muy frecuente en el cáncer de próstata (70% de los casos) y este hecho se ha asociado a un pronóstico más desfavorable.

Extensión extracapsular

La invasión de la cápsula prostática (su superficie externa) constituye un factor de mal pronóstico, independientemente de otros factores.

Invasión de las vesículas seminales

La invasión de las vesículas seminales implica que el tumor se extiende localmente y por lo tanto existen mayores posibilidades de que se asocie a otros hechos desfavorables, como un volumen tumoral grande, un PSA más elevado en el momento del diagnóstico o una mayor agresividad del componente celular del tumor (grado Gleason mayor de 7).

Márgenes quirúrgicos positivos

Cuando el patólogo analiza la glándula prostática una vez extirpada (espécimen de la prostatectomía), emite un informe que contiene una cantidad de variables que tienen significación pronóstica, es decir, que permiten pronosticar la evolución de la enfermedad.

El concepto «margen quirúrgico», del que ya hablamos en una sección anterior de este capítulo, se refiere al hecho siguiente: un tumor de próstata puede situarse en una parte cercana a la vertiente de la vejiga urinaria o bien hacerlo en una parte en contacto con la uretra sin observarse tejido sano en la próstata más allá de la lesión. Si el tumor afecta o está en contacto con alguna de estas dos partes (vejiga o uretra) el patólogo dictaminará que existe un *margen positivo*, aunque eso sea una noticia negativa para el paciente.

Este hecho tiene mucha importancia por estar asociado a la supervivencia y a la recurrencia del cáncer, implicando, la mayoría de las veces, la práctica de diferentes terapias, que van desde la observación y vigilancia del PSA hasta la realización de radioterapia externa precoz o diferida en el tiempo.

Ejemplo de margen positivo

Oscar fue intervenido de próstata hace 2 años mediante una prostatectomía radical laparoscópica y el dictamen del patólogo mencionó, entre otros factores, que el tumor de 2 centímetros de diámetro se asentaba en el lóbulo derecho prostático y en la zona del apex (la más cercana a la uretra), sin observar la existencia de tejido sano más allá del tumor. Esta situación *negativa* para el paciente la denominamos *margen positivo*.

En aquel momento no se optó por la instauración de un tratamiento complementario precoz con radioterapia y el paciente fue informado de la posibilidad de realizar controles periódicos de PSA.

Tras dos años de seguimiento y controles periódicos del PSA, el paciente no ha presentado aumento del mismo pero sigue con su control periódico.

Puntos clave

Factores pronósticos que afectan la supervivencia:

- **Grado de Gleason**. Menor es mejor. 6 mejor pronóstico que 10.
- **PSA**. Menor es mejor. Mayor de 10 peor pronóstico que de 6 a 10.
- **Lugar o foco de origen**. Mejor en zona transicional
- **Multifocalidad**. Peor si son varios tumores y afectan ambos lóbulos.
- **Extensión extracapsular**. Peor si la cápsula está afectada
- **Invasión vesiculas seminales**. Peor si están afectadas.
- **Márgenes positivos**. Peor si son «márgenes positivos»

Factores que afectan el pronóstico

5. Tratamiento del cáncer de próstata localizado

El cáncer de próstata localizado es aquél que no ha sobrepasado los límites anatómicos de lo que consideramos la próstata, es decir, se encuentra dentro de la glándula (en relación a la cápsula que la envuelve) y no afecta al conducto uretral ni a la vejiga. Esta situación que aquí dibujamos la mayoría de veces no es fácil de definir y con frecuencia nos encontramos con tumores que han sido interpretados a priori como localizados y que después el análisis de la próstata tras su extirpación nos informa de que el tumor afecta a cualquiera de los límites anteriormente mencionados.

Por tanto, y a la luz de la información diagnóstica proporcionada por:

- Biopsia de próstata

- Tacto rectal

- Niveles de PSA sanguíneo

- Otras exploraciones, como la Ecografía y la RMN pelviana y endorectal, realizaremos un juicio diagnóstico sobre la posibilidad de que la enfermedad se encuentre localizada. A este conjunto de factores que nos permiten hacer una valoración sobre el estado de la enfermedad le denominamos **Estadiaje Clínico.**

Una vez hemos considerado que la enfermedad está localizada, el conjunto de propuestas de tratamiento es extenso. Trataremos de realizar un análisis crítico de cada una de ellas, sin olvidar que el criterio de eficacia oncológico[16] debe estar siempre presente a la hora de tomar decisiones.

Siempre que proponemos a un paciente afectado de cáncer de próstata localizado, la realización de un tratamiento, lo hacemos con una pretensión curativa, por lo que la gran mayoría de enfermos son tratados desde hace algunos años con cirugía o con radioterapia (externa o interna [braquiterapia]) y en la actualidad se han añadido otras propuestas terapéuticas como la crioterapia o el HIFU (ultrasonidos focalizados de alta intensidad).

No obstante y dada la importante cantidad de variables que tienen que ver con el pronóstico de la enfermedad (edad del paciente, enfermedad de alto o bajo grado Gleason, niveles de PSA en el momento del diagnóstico) se han considerado otro tipo de posturas basadas en la observación y/o la abstención terapéutica («esperar y ver la evolución de la enfermedad»). Ésta puede ser una opción válida en algunos pacientes, por ejemplo, por encima de los 75 años o con expectativa de vida baja o afectados de enfer-

---

16. De tratamiento del cáncer

medades asociadas que contraindiquen la realización de tratamientos más agresivos y en los que la realización del tratamiento se pospondría hasta que tuviéramos evidencias en relación con la progresión de la enfermedad y/o la aparición de síntomas.

Otra opción de seguimiento sin tratamiento es la denominada «vigilancia activa» en la que no se realiza tratamiento hasta que no se evidencia algún signo de agresividad tumoral, realizándose en ese momento el tratamiento curativo que se estime oportuno.

Las pautas de vigilancia activa precisan de un control estricto de los parámetros evolutivos tales como el PSA y el tacto rectal, debiendo ser el urólogo el que individualice la frecuencia con la que realiza determinadas exploraciones (normalmente el PSA, el tacto rectal y las biopsias de próstata).

El cáncer de próstata localizado puede ser tratado mediante diversas modalidades técnicas. Éstas incluyen en la actualidad la cirugía radical, la radioterapia externa, la braquiterapia y todavía en fase de evaluación, pero ya con resultados alentadores, la crioterapia y el HIFU.

Prostatectomía radical

La prostatectomía radical (PR) es el procedimiento quirúrgico mediante el cual se extirpan la glándula prostática y las vesículas seminales. Persigue, por tanto, la eliminación completa de todo el tumor que se encuentre ubicado en el interior de la misma y puede ser realizada a través de diferentes técnicas.

Hoy en día, la PR[17] puede hacerse mediante cirugía abierta clásica (acceso retropubiano), cirugía perineal (a través de una incisión en la zona anatómica conocida como periné, entre el escroto y el ano) y por vía laparoscópica (PRL), tanto convencional (ver figura 5.1.) como asistida por robot.

- **Prostatectomía retropúbica radical:** el cirujano hace un corte empezando justo debajo del ombligo y llegando al hueso púbico.

- **Prostatectomia perineal radical:** el cirujano hace un corte en el periné. Dicho corte es más pequeño que el que se realiza con la técnica retropúbica, lo cual hace que sea más difícil para el cirujano preservar los nervios alrededor de la próstata o mover los ganglios linfáticos cercanos. La cirugía perineal regularmente dura menos que la retropúbica y también hay menos sangrado.

- **Prostatectomia radical laparoscópica:** el cirujano realiza varios cortes pequeños en lugar de un corte grande. Dentro de los cortes se introducen instrumentos largos y delgados. El cirujano coloca un tubo delgado con una cámara de video (laparoscopio) en el interior de los cortes, lo que le permite observar dentro del abdomen durante el procedimiento.

- **Prostatectomía laparoscópica asistida por robot:** algunas veces, la cirugía laparoscópica se realiza utilizando un sistema robótico. El cirujano mueve el brazo robótico

---

17. http://www.nlm.nih.gov/medlineplus/spanish/ency/article/007300.htm

mientras está sentado al lado de un monitor de computadora cerca de la mesa de operaciones. No todos los hospitales pueden hacer cirugías robóticas.

En algunos casos puede ser necesario asociar a la PR una linfadenectomía, la extirpación de los ganglios linfáticos regionales (de la zona) que constituyen el drenaje linfático natural de la glándula y a través de los cuales podría producirse la extensión microscópica del cáncer. En general, la creemos indicada en los tumores de riesgo alto o intermedio y cuando el PSA es mayor de 10 ng/ml.

La técnica quirúrgica consiste en la extirpación total de la glándula preservando sus límites o fronteras anatómicas, es decir, la uretra por delante y la vejiga y el recto por detrás. En algunos pacientes con tamaños tumorales más grandes o con ubicaciones anatómicas del tumor muy próximas a los límites anatómicos (uretra o vejiga) puede producirse el denominado «**margen positivo**» (el tumor entra en contacto con el límite anatómico y no se observa tejido sano alrededor), un hecho de pronóstico negativo tal como se explicó en el capítulo anterior.

Otro aspecto importante asociado a este último hecho es la conservación de las bandas neurovasculares (BNV). Las BNV discurren lateralmente a los lóbulos prostáticos y dentro de un compartimento o fascia que envuelve a la próstata. Si queremos conservar las BNV, es imprescindible entrar en dicho compartimento con el riesgo de producirse un margen positivo, dado que podemos entrar en el tejido prostático y dejar próstata con tumor sin extirpar.

La conservación de las BNV está indicada en pacientes con cáncer de próstata clínicamente localizado y siempre que las condiciones anatómicas del paciente lo permitan. Los criterios para su aplicación deben ampliarse en los pacientes más jóvenes, donde es necesario compatibilizar el objetivo primordial de la cirugía, que es la erradicación completa del tumor con el mantenimiento de la potencia sexual y la continencia urinaria afectadas por la extirpación de la próstata.

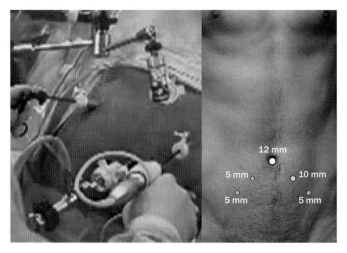

Figura. 5.1. *Prostatectomía radical mediante acceso laparoscópico (PRL). En la imagen de la derecha se señala la indicación y diámetros de los accesos.*

En relación a la técnica quirúrgica empleada para llevar a término la PR ya son numerosos los estudios que no muestran diferencias significativas entre las distintas técnicas quirúrgicas a la hora de analizar tanto los resultados oncológicos como funcionales (incontinencia urinaria y disfunción eréctil), por lo que la mayoría de guías clínicas (Europa y EE.UU) dejan la opción de la técnica quirúrgica abierta a las preferencias del cirujano y del paciente.

Obviamente el acceso laparoscópico permite una mejor definición de las estructuras anatómicas por parte del cirujano debido a la amplificación que nos proporciona la óptica y los sistemas de imagen de alta definición. También permite un menor requerimiento de analgésicos durante el postoperatorio así como una menor estancia hospitalaria postoperatoria.

A pesar de la mejora de las técnicas quirúrgicas, los datos que ofrece la literatura a los 12 meses de cirugía son que entre un 5-20% de pacientes padece incontinencia urinaria de grado diverso y que entre un 50-90% recuperan la potencia sexual si se realiza una preservación de bandas neurovasculares. La propuesta de medidas para la resolución de estos dos problemas cuando tienen carácter definitivo abarcan, para la incontinencia urinaria, desde la fisioterapia y electro-estimulación del suelo pélvico hasta las prótesis de incontinencia, y para la disfunción eréctil el uso de fármacos por vía oral como sildenafilo, vardenafilo o tadalafilo e incluso la colocación de prótesis peneanas.

Aunque, como se puede observar, la PR se asocia a estos efectos adversos, algunos de ellos por lo general temporales, como la incontinencia urinaria si se produce un esfuerzo, y otros con carácter más permanente como la disfunción eréctil, es el procedimiento que permite un mejor conocimiento del alcance y pronóstico de la enfermedad, porque la mayoría de los factores de pronóstico están contenidos en el especimen obtenido por prostatectomía y por tanto será el patólogo el que nos informe de los mismos.

Por otra parte, y como hemos comentado en el capítulo 4, la frecuente disparidad entre el estadio clínico del cáncer (el diagnóstico «a priori» sin disponer de toda la próstata para su análisis) y el real, fenómeno denominado «infraestadiaje clínico», sólo puede ser obviado mediante el análisis pormenorizado de la pieza extraída mediante cirugía.

Todo ello ha propiciado que actualmente la cirugía radical de la próstata sea el procedimiento más elegido por los pacientes y el más recomendado por los especialistas.

Radioterapia (RDT)

La utilización de irradiación en el tratamiento del cáncer de próstata localizado es una alternativa al tratamiento quirúrgico y puede ser empleada como primera opción de tratamiento en algunos casos. Existen diferentes tipos de radioterapia, basándose estas diferencias en la cantidad de radiación administrada y la búsqueda de métodos y tecnologías que permitan concentrar la radiación en el órgano enfermo y que preserven a los tejidos circundantes no afectados por el cáncer de los afectos adversos de la misma.

La cantidad y la forma en que es administrada la RDT serán fijadas por el especialista y dependerán del volumen prostático y del tipo de calificación del riesgo de la enfermedad

(TNM clínico, grado de Gleason y PSA) según vimos en el capítulo 3 sobre diagnóstico.

La radioterapia puede ser administrada de diversas formas entre las que destacan actualmente:

- Radioterapia conformada con planificación tridimensional 3D-CRT
- Radioterapia de intensidad modulada (IMRT)
- Braquiterapia

Radioterapia conformada con planificación tridimensional 3D-CRT

Se trata de una técnica de radioterapia en la que se efectúa un estudio mediante tomografía computerizada (TC) con posterior reconstrucción tridimensional. Ello nos permite concentrar más la radiación en el tejido prostático y disminuir los potenciales efectos secundarios sobre los órganos que lo rodean (recto y vejiga).

A pesar de las mejoras técnicas y de que el porcentaje de efectos adversos y toxicidad se ha reducido, especialmente si los comparamos con los de la RDT externa convencional, no está exenta de riesgos y efectos a corto, medio y largo plazo. Los efectos adversos graves sobre el recto (sangrado rectal) y la vejiga están relacionados, sobre todo, con la intensidad y la dosis total de radiación recibida.

Radioterapia de intensidad modulada (IMRT)

En la línea de mejora para concentrar la irradiación en el órgano enfermo, incluso con dosis mayores que las convencionales, se encuentra esta modalidad de tratamiento que permite distribuir la dosis de radiación de la forma que el radioterapeuta estime más oportuna en función de cada paciente.

La cantidad de radiación a administrar sería definida previamente al tratamiento mediante sofisticados cálculos, y posteriormente se realizaría el tratamiento.

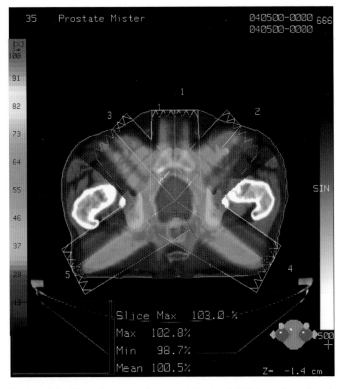

Figura 5.2. *Plan de tratamiento mediante IMRT (en el centro, la zona de alta dosis de radiación en la próstata).*

Braquiterapia

Es una técnica que persigue vehiculizar la radiación al interior de la glándula prostática con cáncer mediante la introducción en la próstata de sistemas de irradiación permanentes o temporales.

Ello nos permite obtener dosis muy altas de radiación sin el daño adicional a los órganos vecinos y, por ello, también es una alternativa a otros tratamientos con intención curativa.

Existen dos tipos de braquiterapia en el momento actual: la de tasa de dosis baja y la de tasa de dosis alta. La de baja dosis se realiza mediante la introducción de semillas de un isótopo radiactivo que quedarán alojadas de forma definitiva dentro de la próstata y que tendrán capacidad de producir irradiación durante un período que oscila entre 6 y 12 meses.

La braquiterapia se propone generalmente como alternativa no quirúrgica y los criterios de inclusión para los pacientes candidatos a esta técnica son los mismos que rigen para la cirugía radical, con algunas excepciones (el tamaño prostático debe ser inferior a 50 centímetros cúbicos).

En cuanto a los efectos secundarios asociados podemos decir que , en comparación con la prostatectomía radical, la braquiterapia tiene mejores resultados globales con respecto a la disfunción eréctil y la incontinencia urinaria y peores en cuanto a complicaciones urinarias (debidas a obstrucción urinaria) y problemas rectales a medio y largo plazo.

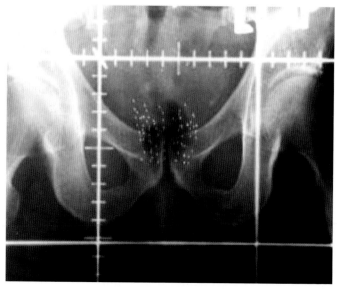

Figura 5.3. *Implante de semillas definitivas en la próstata para bra-quiterapia.*

Crioterapia

Es una técnica que se desarrolla a partir de los años 80 gracias a los progresos de la ecografía transrectal. En esencia, su base científica radica en la aplicación de frío dirigido al interior de la glándula mediante la utilización de las denominadas criosondas que permitirán la congelación del tejido prostático con los consecuentes efectos biológicos del frío sobre el tejido y al final producir un fenómeno de necrosis o muerte celular.

El proceso es controlado en todo momento en tiempo real mediante una sonda o dispositivo ecográfico introducido en el interior del recto.

La indicación de la crioterapia se sitúa en la actualidad para el grupo de pacientes con riesgo medio y alto de extensión extraprostática y en los pacientes de riesgo bajo pero con riesgo quirúrgico elevado y/o expectativa de vida inferior a los 10 años.

La crioterapia compite con las técnicas radioterápicas y la cirugía en su indicación, aunque por el momento no existen evidencias de peso a favor de la misma ni estudios que comparen este procedimiento con otros de primera elección.

Para los pacientes que han realizado radioterapia y se observa un aumento del PSA posterior a su aplicación, (fenómeno denominado progresión bioquímica [PBQ] que se explicará en el capítulo 7), la crioterapia puede tener un papel en el manejo de esa situación clínica.

Las contraindicaciones para su aplicación son las cirugías previas en el tracto urinario inferior (uretra y próstata) y en el recto, dado que incrementarían notablemente los efectos secundarios asociados a su aplicación como son la obstrucción urinaria, las fistulas rectales, y las comunicaciones de la uretra con el recto.

El índice de disfunción eréctil asociado a la aplicación de crioterapia está en torno al 40%-80% y el de incontinencia en torno al 2-4%.

HIFU (ablación por ultrasonidos de alta intensidad)

A principios de los años 80 se inicia un proyecto basado en datos experimentales en animales por los que se establecía la actividad antitumoral de la técnica HIFU, que basa su efecto en el calor en lugar del frío, mediante una intensa elevación térmica local (en la próstata) sin lesionar otros tejidos interpuestos, gracias a que las ondas son focalizadas desde un emisor de ultrasonidos que producen en la próstata receptora de las emisiones un fenómeno de necrosis (muerte celular) denominado necrosis coagulativa.

Dado que la técnica HIFU se desarrolla fundamentalmente a partir de 1995, los resultados disponibles hasta ahora no se refieren a series con seguimiento temporal muy largo (alrededor de unos 5 años), pero valoran el HIFU como una terapia emergente a considerar en diferentes situaciones de cáncer de próstata.

La Asociación Francesa de Urología define como criterios de aplicación del HIFU para considerar su aplicación como técnica de primera elección: Grado de Gleason menor o igual a 7, PSA inferior a 15 ng/ml y un estadio clínico T2c (enfermedad confinada al interior de la glándula).

También se considera su aplicación para aquellos pacientes en los que ha fracasado la radioterapia, porque se produce progresión bioquímica o ascenso del PSA después del tratamiento (ver capítulo 7), en una modalidad de tratamiento denominada «de rescate». Cuando un tratamiento no resuelve el problema «rescatamos» la situación y el paciente mediante otro tratamiento.

Los efectos secundarios están relacionados especialmente con la obstrucción uretral. Aproximadamente un 10-15% de los pacientes tratados tendrá síntomas relacionados con este problema. En cambio las cifras de disfunción eréctil e incontinencia se sitúan sólo entre el 1 y el 2 %.

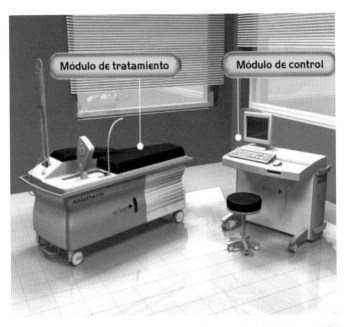

Figura 5.4. *Módulo de tratamiento y de control del sistema HIFU Ablatherm©.*

Puntos clave

- Los pacientes con CdP localizado y esperanza de vida superior a 10 años deben realizar una terapia radical (cirugía o radioterapia).

- La cirugía permite un mejor conocimiento de los factores pronósticos y del estadiaje de la enfermedad.

- La radioterapia externa debe ser conformada 3D (RDT 3D) ya que permite más dosis con mayor seguridad.

- La braquiterapia de dosis alta o baja puede considerarse en pacientes de bajo riesgo y volúmenes de próstata inferiores a 50 centímetros cúbicos.

- En pacientes con enfermedad localizada, de bajo riesgo y con una expectativa de vida inferior a 10 años puede considerarse la vigilancia activa. Para los pacientes de este grupo que opten por terapias mínimamente invasivas es factible la realización de HIFU o de crioterapia.

- La diversidad de propuestas de tratamiento hace imprescindible la individualización de las mismas para cada paciente. Un adecuado equilibrio entre la eficacia oncológica y los efectos adversos debe ser valorado siempre tanto por el especialista como por el paciente.

6. Tratamiento del cáncer de próstata localmente avanzado

Se entiende por cáncer de próstata localmente avanzado aquel que en el momento del diagnóstico se encuentra afectando la cápsula prostática o los tejidos que la rodean, sin afectar los órganos de vecindad ni constatarse metástasis (no se ha diseminado). Correspondería según la categoría de TNM a un estadio cT3. También incluiríamos en este grupo aquellos pacientes operados de prostatectomía radical en los que existe una clara evidencia de enfermedad localmente avanzada con o sin presencia de márgenes positivos en la próstata obtenida por prostatectomía (estadio pT3).

En esta situación clínica no existe unanimidad de criterio a la hora de proponer el tratamiento más eficaz pero, por lo general, cuando existe una expectativa de vida superior a los 10 años y no existen otras enfermedades asociadas que limiten su aplicación, los dos tratamientos que se proponen son la radioterapia y la cirugía.

La Guía de Práctica Clínica del Cáncer de Próstata del Sistema Nacional de Salud (Edición 2008) recomienda para los pacientes en este estadio de la enfermedad:

- En los pacientes con estadio clínico T3, la realización de RDT externa conformada tridimensional (si no es posible, la IMRT o radioterapia externa más braquiterapia).

- También puede realizarse una prostatectomía radical, con o sin linfadenectomía, en este grupo de pacientes. La linfadenectomía extensa (la extirpación de un número importante de ganglios linfáticos) en este grupo de pacientes podría proporcionar un beneficio adicional en cuanto a supervivencia.

- Si la expectativa de vida es inferior a los 10 años puede realizarse un seguimiento clínico («esperar y ver») o bien una hormonoterapia (bloqueo de las hormonas masculinas).

- Aunque puede aplicarse radioterapia inmediatamente después de la prostatectomía en los pacientes que presentan márgenes quirúrgicos positivos, también podemos aplicarla si progresa el PSA a lo largo del seguimiento.

Progresión
bioquímica en el
CdP tratado con cirugía
o radioterapia

7. Progresión bioquímica en el cáncer de próstata tratado con cirugía o radioterapia

Como ya hemos mencionado en anteriores capítulos, la pretensión de cualquiera de los tratamientos para el cáncer de próstata es la curación de la enfermedad. El parámetro más importante para saber si eso ha ocurrido es la determinación del PSA, tanto para los pacientes a los que se ha realizado cirugía como para los que han recibido radioterapia. Un ascenso del PSA por encima de determinados niveles puede indicar que la enfermedad no se ha erradicado el todo, desde el punto de vista local o a distancia (metástasis ganglionares o en otros órganos). Esta situación sitúa al paciente y su médico en un importante reto a la hora de proponer medidas para su resolución y el tiempo más adecuado para llevarlas a cabo.

Los niveles de PSA que aceptamos como «progresión o recidiva[18] bioquímica» (PBQ) difieren según la terapia empleada en el tratamiento del cáncer de próstata.

---

18. *Recidiva*: reaparición de una enfermedad después de un período sin manifestaciones clínicas

Así la EUA (European Urology Association)[19] define la progresión o recidiva bioquímica como la presencia de un PSA postoperatorio por encima de 0,2 ng/ml confirmado en dos determinaciones sucesivas para aquellos pacientes que han sido operados mediante prostatectomía radical.

En cambio, para los pacientes que han recibido radioterapia (tanto externa como braquiterapia), la ASTRO (American Society for Therapeutic Radiology and Oncology)[20] define la progresión o recidiva bioquímica como el aumento de los niveles de PSA en 2 ng/ml por encima del PSA nadir (el valor más bajo alcanzado después de la radioterapia).

La realización de pruebas diagnósticas clásicas como el TAC[21] (escáner), la gammagrafía ósea, la ecografía transrectal y la biopsia pueden ser de utilidad para localizar el lugar donde el carcinoma ha recurrido (local o a distancia).

En la actualidad, el PET[22] (Tomografía por Emisión de Positrones), con carbono-11-colina, permite ubicar mejor el lugar del carcinoma, pero es incapaz de hacerlo cuando el PSA es bajo. Por tanto, en la mayoría de ocasiones, el diagnóstico sobre si la progresión bioquímica implica que el tumor sigue local o bien a distancia (metástasis) será clínico, sobre la base de factores predictivos clínico-patológicos y mediante pruebas de imagen.

---

19. Asociación Urológica Europea
20. Sociedad Americana de Radiología Terapéutica y Oncología
21. TAC: Tomografía Axial Computerizada
22. PET: Positron Emission Tomography

PROGRESIÓN BIOQUÍMICA EN EL CÁNCER DE PRÓSTATA
TRATADO CON CIRUGÍA O RADIOTERAPIA

Progresión
bioquímica en el
CdP tratado con cirugía
o radioterapia

Para los pacientes que han sido operados y que no tienen evidencia de metástasis en el momento de constatarse la progresión bioquímica, la terapia propuesta más extendida es la realización de radioterapia externa antes de que el PSA supere los 2,5 ng/ml. En este grupo de pacientes puede asociarse la hormonoterapia (bloqueo de las hormonas masculinas) cuando existen síntomas locales o el PSA sigue subiendo de forma rápida.

Para el grupo de pacientes con progresión bioquímica y que recibieron radioterapia como terapia inicial, la propuesta de tratamiento va desde HIFU o crioterapia hasta una cirugía de rescate (para pacientes con esperanzas de vida mayores de 10 años, estadios clínicos cT1 a cT2, Gleason menores de 7 y PSAs prequirúrgicos inferiores a 10 ng/ml.), teniendo en cuenta que, en estos casos donde se aplicó inicialmente radioterapia, la cirugía se asocia a un mayor número de complicaciones.

Cuando no es posible la realización de ninguna de estas terapias, la hormonoterapia de supresión androgénica (de las hormonas masculinas) puede ser una alternativa.

Puntos clave

- La progresión bioquímica es el ascenso del PSA después de haber realizado una terapia (cirugía o radioterapia, crioterapia o HIFU) con intención curativa.

- La definición de si la recidiva (reaparición) de la enfermedad es local o a distancia se realiza mediante diferentes pruebas diagnósticas (TAC, RMN, Gammagrafía ósea, PET).

- Los pacientes con progresión bioquímica y que han sido operados deben recibir radioterapia externa cuando el PSA supera los 2,5 ng/ml.

- Los pacientes con progresión bioquímica que han recibido radioterapia como terapia inicial pueden ser operados mediante cirugía de rescate, lo que supone un incremento de las complicaciones, o bien recurrir a HIFU o crioterapia.

- La hormonoterapia o bloqueo hormonal puede ser una opción en pacientes no candidatos a ninguna de las terapias anteriores o si existen criterios de mal pronóstico (Gleason superior a 7 o un PSA en ascenso rápido).

8. Tratamiento del cáncer de próstata diseminado o metastásico

Introducción

Definimos el cáncer de próstata como diseminado o metastásico cuando la enfermedad afecta los ganglios linfáticos de forma local o bien existen metástasis en otros órganos (por lo general los huesos son los que se ven más afectados).

En esta fase de la enfermedad, las propuestas de tratamiento tendrán un carácter de mejora de la calidad de vida y de la supervivencia y están basadas en el denominado principio de dependencia androgénica (los andrógenos son las hormonas masculinas) que tienen las células prostáticas. Si los andrógenos promueven el crecimiento de las células de la próstata, la terapia de deprivación androgénica (TDA) o bloqueo hormonal (la reducción de los niveles de andrógenos) puede producir la muerte de los clones celulares que son andrógeno-dependientes y una respuesta clínica positiva.

Inicialmente, la mayoría de pacientes responden al tratamiento hormonal. Con el tiempo, no obstante, se produciría un crecimiento anormal de otras poblaciones celulares que componen el tumor y que son independientes de las hormonas masculinas (andrógeno-independientes), dando lugar a la denominada resistencia hormonal y a la consiguiente progresión de la enfermedad (status hormono-independiente).

En las fases iniciales que siguen a la instauración de la terapia, el 75% de los pacientes suele responder a la misma con una mejora de la sintomatología y en un 50% de ellos podemos observar una reducción tanto del PSA como del número y del tamaño de las metástasis. Esta situación de mejora puede prolongarse durante un tiempo variable y tras un tiempo medio de 14-18 meses se observa en los pacientes con metástasis la progresión de la enfermedad en el contexto de la denominada hormono-resistencia, entrando en la fase del denominado cáncer de próstata hormono-independiente.

El bloqueo hormonal puede ser realizado mediante castración[23] química (con fármacos que bloquean la producción de andrógenos a nivel central o hipotalámico, como la goserelina o bien mediante castración quirúrgica (el vaciado quirúrgico del contenido de ambos testículos).

En los pacientes que se encuentran en esta situación clínica también puede ser necesario añadir una terapia antiandrogé-

---

23. Los andrógenos se producen sobre todo en los testículos, siendo el principal andrógeno la testosterona.

nica que bloquee los andrógenos circulantes con fármacos como la bicalutamida. Será importante saber si los niveles sanguíneos de testosterona en este grupo de pacientes están en niveles denominados de castración (próximos a cero).

Cuando a pesar de la hormonoterapia se asiste a una progresión de la enfermedad en forma de ascenso del PSA, de incremento del número de metástasis y de una mayor sintomatología clínica (situación clínica denominada hormonoresistencia), es necesario poner en marcha otro tipo de terapias basadas en la quimioterapia, y que pertenecen al ámbito de la Oncología Médica.

Tratamiento del cáncer de próstata hormono-independiente (HI)

El cáncer de próstata es una enfermedad heterogénea y nuestros conocimientos sobre los mecanismos que llevan a la independencia hormonal siguen incompletos. La hipótesis más difundida es que la alta actividad reproductiva de las células cancerígenas y su falta de regulación producen elevadas tasa de mutación, provocando una población heterogénea, que escapa al control androgénico, es decir, escapa al bloqueo hormonal.

Modificaciones de la terapia hormonal

Cuando se produce la progresión de la enfermedad en el contexto del tratamiento hormonal, caben modificaciones dentro de las pautas de bloqueo hormonal. Si comienza a fallar la castración química, se añadirá un antiandrógeno, como la bicalutamida. Si lo que pierde eficacia es el bloqueo androgénico completo, se retirará el antiandrógeno, puesto que en algunos casos se produce un efecto paradójicamente beneficioso. En cualquier caso, los fármacos análogos de la hormona LHRH (goserelina, triptorelina y otros) seguirán formando parte del tratamiento en estos pacientes, pues su efecto, aunque residual, seguirá siendo eficaz en aquellas colonias de células tumorales que no hayan desarrollado su independencia a los andrógenos.

Siguiendo con las alternativas terapéuticas tras el fracaso inicial en el tratamiento hormonal, cabe la opción de atacar al productor secundario de andrógenos: la glándula suprarrenal. Ésta es la responsable del 5% de la testosterona circulante y, pese a algunos buenos resultados con los fármacos que se comentan a continuación, dicho efecto será moderado, tanto en intensidad como duración. Los fármacos más utilizados son el ketoconazol (antifúngico que a dosis muy altas se revela como un potente tóxico suprarrenal) y los corticoides.

Quimioterapia

Si la enfermedad progresa pese a estas modificaciones hormonales llamadas «maniobras de segunda línea», entonces hay que abordarla con otras armas. Entramos en los fármacos de la familia de la quimioterapia, caracterizados por tener actividad «citotóxica», es decir, son lesivos para las células y por tanto provocarán la muerte de las células cancerígenas pero también, en menor grado, de las no-cancerígenas. Este último efecto es el responsable de los conocidos efectos secundarios de la quimioterapia, focalizándose los progresos en la investigación biomédica en aumentar la selectividad de estos quimioterápicos para que, sin perder su efecto tóxico y letal para las células tumorales, no ataquen indiscriminadamente a las células sanas.

En el cáncer de próstata, fármacos como el docetaxel se utilizan con buenos resultados. Docetaxel mejora la supervivencia, palia los síntomas y mejora la calidad de vida de los pacientes con CdP HI metastásico. Aunque hay que recordar que es un tratamiento paliativo, que no todos los enfermos responden positivamente y que la mediana de supervivencia es únicamente de 15 a 20 meses. Este quimioterápico, aún no siendo de los fármacos más tóxicos, no se puede calificar como «blando». Se administra por vía endovenosa, y puede producir neutropenia (disminución aguda de granulocitos de la sangre, condición anormal de la sangre que conlleva un aumento del riesgo de padecer infecciones), diarrea, náuseas, vómitos y debilidad. Si fracasa el tratamiento con docetaxel, existen alternativas con otros quimioterápicos (ciclofosfamida más prednisona, por ejemplo) o bien el uso de fármacos enmarcados en ensayos clínicos (satraplatino, por ejemplo).

Bifosfonatos

Finalmente, y discurriendo en paralelo a esta progresión de la enfermedad, se producen en general afectaciones más allá de la próstata, muy frecuentemente óseas. Estas lesiones, las metástasis óseas, pueden producir tanto dolor como la fractura del hueso que han invadido. Para disminuir esas eventuales complicaciones se pueden administrar unos fármacos, los bifosfonatos, cuyo efecto principal es el de reforzar la masa ósea y prevenir así su destrucción. Como resultado, disminuyen tanto el número de fracturas como la intensidad del dolor.

Nuevas terapias

El futuro del tratamiento del cáncer de próstata vendrá determinado por la investigación y el desarrollo de nuevas moléculas cada vez más específicas para atacar sólo las células tumorales, y esa actividad se demuestra hoy en día, mediante prometedores ensayos clínicos de nuevos fármacos que se están llevando a cabo en la actualidad en todo el mundo.[24]

Puntos clave:

- Las maniobras hormonales «de segunda línea» pueden ser útiles para retrasar la progresión de la enfermedad.
- Las complicaciones óseas derivadas del cáncer de próstata diseminado se pueden controlar con bifosfonatos.
- La quimioterapia, aunque con efectos secundarios por su toxicidad, mejora la supervivencia.
- La investigación oncológica, y del cáncer de próstata en particular, es una actividad muy intensa y con resultados prometedores, por lo que es probable un cambio del escenario futuro de esta enfermedad.

---

24. *Prevención de la toxicidad en el tratamiento quimioterápico del CP*, en Calidad de vida en Cáncer de Próstata, Abril 2008

9. Prevención del cáncer de próstata

Test PSA

Como hemos comentado en el capítulo de generalidades, el cáncer de próstata es la primera causa de cáncer en el varón en los países desarrollados y la segunda causa de muerte por cáncer en Europa y Estados Unidos.

Aunque no existe una opinión unánime en cuanto a desarrollar y promover campañas de prevención del cáncer de próstata que incluyan el PSA como rutina analítica en varones a partir de los 45 años, asociada o no a la realización de tacto rectal, cada vez es más frecuente la determinación en análisis de rutina del PSA, solicitada la mayoría de veces por médicos de familia o en revisiones médicas de carácter laboral.

Es muy probable que la generalización de la práctica del análisis del PSA haya propiciado un aumento en el diagnóstico precoz de la enfermedad y una drástica reducción del número de pacientes que eran diagnosticados cuando la enfermedad se encontraba ya diseminada (hasta un 30%

en los años previos a la generalización del control del PSA). Es por ello que numerosas asociaciones y departamentos estatales de salud abogan por su utilización en la población masculina a partir de los 45-50 años.

También hay que decir respecto al PSA que, aunque es una herramienta muy útil, no es perfecta, dado que se eleva frecuentemente en enfermedades no tumorales, como la hiperplasia benigna o la prostatitis, y al hecho de que algunos cánceres (se estima en un 25%) ocurren con valores de PSA inferiores a 4 ng/ml. La única manera de diferenciar las enfermedades benignas del cáncer es mediante biopsia.

En cualquier caso, el debate sobre el PSA en la sociedad estaría más sobre la idoneidad de la generalización de su control en la población desde una perspectiva coste-beneficio así como desde el ámbito científico en la búsqueda de marcadores específicos más precisos que permitieran distinguir entre las diferentes situaciones clínicas que pueden ocasionar una elevación de su valor.

Test PCA3

El test PCA3 permite seleccionar a los varones que deben ser sometidos a una biopsia de próstata mediante un análisis de orina.

Unos investigadores de la Universidad de Nimega en Holanda descubrieron que el gen PCA3 sólo se detectaba en el tejido de cáncer de próstata y no en la próstata normal o en enfermedades no malignas.

Es decir, el PCA3 es específico del cáncer de próstata. Se determina en la orina y cuanto mayor sea su valor mayor es la probabilidad de que una biopsia muestre cáncer. En los pacientes con cáncer con extensión fuera de los límites de la próstata, el valor de PCA3 es significativamente mayor que en los pacientes en los que el tumor está confinado a la próstata. También se relaciona con el volumen tumoral, siendo mayor su valor con los tumores más grandes, con el grado Gleason y con el estadio (mayor en un T2 que en un T1, por ejemplo). Es decir, cuanto más agresivo es el tumor, más elevado será el valor del PCA3. Los valores superiores a 35 indican la probable existencia de tumor.

El test de PCA3 debe ser siempre realizado por un médico. Tras realizar un masaje prostático limitado (tres compresiones en cada lóbulo de la próstata) se recogen los primeros 20-30 centímetros cúbicos de orina. Se separan 2 centímetros cúbicos de la orina que se colocan en un tubo con un inhibidor para evitar que se destruya el ARN (ácido ribonucleico) del gen PCA3 y se remite la muestra al laboratorio.

El PCA3 no es un test que se deba realizar en todos los varones. El cociente en porcentaje de PSA libre/PSA total sigue siendo un test de gran utilidad. Sin embargo, cuando un paciente cumple criterios por PSA para la realización de una biopsia de próstata, el valor de PCA3 nos ayudará a determinar si el riesgo de tener cáncer de próstata es elevado o, por el contrario, tiene escasas probabilidades de estar en esa situación.

Prevención

El test de PCA3 estaría indicado en las siguientes circunstancias:

- PSA elevado pero la biopsia inicial resultó ser negativa
- PSA normal pero tacto rectal sospechoso
- Vigilancia activa ante un cáncer detectado
- Antecedentes familiares.

Quimioprevención

El concepto de quimioprevención abarca el uso de medicamentos o agentes naturales que puedan actuar en el proceso de carcinogénesis y por tanto, prevenir el desarrollo del cáncer.

El proceso a través del cual se desarrolla un cáncer de próstata es muy largo y se compone de diferentes secuencias. La quimioprevención actuaría sobre las fases previas al desarrollo tumoral, es decir, cuando todavía es posible revertir el proceso y evitar la aparición del tumor.

Existen numerosas sustancias en fase de estudio y evaluación en relación con la quimioprevención del cáncer de próstata. Por el momento no existe una demostración clara de eficacia en este sentido por parte de ninguna sustancia, aunque parece existir alguna evidencia sobre una combinación de selenio y vitamina E a dosis por fijar y de toma diaria, así como sobre la ingesta de 1-2 vasos de vino tinto al día.

La dieta y el cáncer de próstata[25]

¿Por qué debo mejorar mi dieta?

Existen varios factores que pueden aumentar el riesgo de tener cáncer de próstata: la edad, la raza (es más frecuente en afroamericanos), un historial familiar y la dieta. Uno no puede alterar los tres primeros, el único que puede controlar es la dieta. Mejorando la dieta puede hacer algo de forma activa para reducir esa probabilidad, además de reducir el riesgo de tener diabetes y problemas cardíacos. Aunque aún no se disponen de datos definitivos, existen diversos estudios sobre alimentos que pueden ayudar a prevenir el cáncer de próstata.

La dieta occidental

Los occidentales tenemos tasas de cáncer de próstata superiores a los japoneses o chinos. Uno de los factores que pueden explicar la diferencia es una dieta rica en soja. De hecho, las tasas de cáncer de próstata de los japoneses que viven en los EE.UU. son superiores a las de los que residen en Japón, lo que evidencia la importancia de la dieta. Algunos investigadores creen que ello se debe a que la dieta occidental cada vez incluye menos frutas y vegetales y más carne y grasas saturadas. Si eso fuese verdad, podríamos prevenir el riesgo haciendo justo lo contrario, pero tampoco sabemos a partir de qué edad eso influye de veras, es decir, si el hecho de que Vd. lector cambie su dieta a partir de hoy mismo, actuará o no como factor preventivo

Prevención

---

25. Este material está basado en información suministrada por "The Prostate Cancer Charity" (www.prostate-cancer.org.uk)

ante este tipo de cáncer. Lo que es seguro es que mejorará su salud en general y reducirá el riesgo de sufrir una enfermedad cardíaca.

¿Qué es una dieta saludable?

En general, una dieta saludable para su corazón lo será también para su próstata. A continuación, le damos unas pautas de una dieta saludable. Si cambia su dieta actual para que encaje con esas pautas reducirá, si lo tiene, el riesgo de cáncer de próstata. No obstante, introduzca los cambios de modo gradual, a fin de que con el tiempo lleguen a formar parte de sus nuevos hábitos. El equilibrio de una dieta saludable se basa en ajustarse al porcentaje indicado para los cinco grupos principales de alimentos que deberían constituir su dieta, según la figura que sigue a continuación:

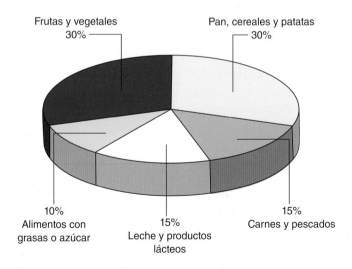

Figura 9.1. *Dieta equilibrada y saludable.*

Para una dieta saludable

1. Consuma diariamente como mínimo 5 porciones (80 gramos cada una, es decir, 400 gramos en total) de frutas y verduras.

2. Use como base de sus comidas féculas como pan, arroz, pasta.

3. Incluya proteínas como pescado y pollo sin piel.

4. Reduzca el consumo de grasas.

5. Reduzca el consumo de carne roja (ternera, cerdo, cordero).

6. Reduzca el consumo de azúcar a 70 gramos/día, como máximo, incluyendo en el cómputo el que está oculto en bebidas y alimentos.

7. Reduzca el consumo de sal.

8. Beba de 6 a 8 vasos de agua diarios.

Intente reducir el peso

No se sabe aún cuánto afecta la obesidad al riesgo de tener cáncer, pero en todo caso, mantener un peso adecuado mejorará su salud en general. Siga una dieta reducida en grasas, haga ejercicio, y consuma 5 porciones de frutas y vegetales frescos cada día. No los reemplace por suplementos vitamínicos. Los diferentes vegetales y frutas tienen vitaminas y minerales distintos. Coma frutas y vegetales de todos los colores del arco iris.

El arco iris de las frutas y verduras

ROJO   Tomate, sandía, pimientos, fresas, frambuesas

VIOLETA   Uva negra, berenjena, arándano, ciruela

NARANJA   Calabaza, naranja, mango, zanahoria, albaricoque

AMARILLO Piña, maíz, melocotón, plátano, pimientos,

VERDE   Brócoli, espinaca, guisante, kiwi, lechuga, aguacate, pera.

Vegetales crucíferos

La col o repollo, el brócoli, la coliflor, la col de Bruselas, etcétera, contienen sustancias que ayudan al cuerpo a reparar los daños causados por elementos nocivos. Comer 5 porciones por semana puede ayudar a reducir el riesgo de contraer cáncer de próstata. Algunos autores incluso los consideran útiles cuando se ha detectado este cáncer.

Por cierto, compre los vegetales y las frutas frescos.

Antioxidantes:
salsa de tomate/selenio/vitamina E

El cuerpo se protege de las bacterias y otros invasores produciendo radicales libres. Si estas moléculas se descontrolan pueden dañar los tejidos y las células. Algunos autores los asocian a diversas etapas del proceso del cáncer. Los antioxidantes eliminan el exceso de radicales libres y reducirían así el riesgo de desarrollar cáncer.

Los tomates contienen licopeno, uno de los antioxidantes más potentes. Los tomates cocinados —en su versión de salsa para unos espaguetis--- y no los frescos, parecen ser la mejor fuente de licopeno. Por tanto, algunos dietistas sugieren el consumo de salsa de tomate 2 veces por semana para prevenir e incluso retrasar el avance de un cáncer de próstata. No funcionan igual los suplementos de licopeno porque el resto de nutrientes del tomate colabora también en proteger el organismo. El licopeno también se encuentra en la sandía, el pomelo y la papaya. Tenga en cuenta que se debe evitar el consumo de pomelo, si se toman medicamentos del grupo de las estatinas para reducir el colesterol.

Sin embargo, un reciente estudio realizado con 28.243 hombres de entre 55 y 74 años de edad a los que se midió la concentración en sangre de licopeno, beta caroteno y otros carotenoides, no ha encontrado ninguna correlación entre el desarrollo del cáncer de próstata y las concentraciones en sangre del licopeno. Así pues, este estudio preliminar no confirma, desafortunadamente, su potencial preventivo.

El selenio, la vitamina E, el zumo de granada y el té verde son otras fuentes de antioxidantes.

El selenio se halla en las semillas de calabaza, girasol y sésamo, en las nueces, pan, cereales, pescado y pollo. *La vitamina E* se encuentra en las semillas de girasol, avellana, cacahuete y en los aceites vegetales. Se recomienda consumir la vitamina E de estas fuentes naturales en lugar de vía suplementos vitamínicos. Diversos estudios desaconsejan tomar suplementos de vitamina E a los pacientes con diabetes o problemas cardíacos.

Prevención

Actualmente, está en marcha el estudio SELECT = **SEL**enium & Vitamin **E C**ancer Prevention **T**rial, cuyo objetivo es evaluar la efectividad de tomar 200 milígramos de selenio al día para prevenir el cáncer de próstata así como vitamina E en un grupo de 32.000 pacientes. Los resultados estarán disponibles en 2013, aunque los resultados premilinares, presentados recientemente en abril 2009 en el Congreso Americano de Urología, no consiguen demostrar un beneficio significativo en ninguno de los dos componentes.

Beber un vaso de *zumo de granada* parece ayudar a los pacientes con cáncer de próstata, porque aparentemente reduce la tasa del aumento del PSA en pacientes a los que tras radioterapia o cirugía les aumenta de nuevo el nivel de PSA. Sin embargo, aunque no existen aún muchos estudios que confirmen si el zumo de granada puede beneficiar a todos los pacientes , se intuyen sus efectos beneficiosos. Un reciente estudio al respecto comparando a dos grupos, uno que tomó un vaso al día de zumo de granada y otro que no, midió la velocidad con que el PSA llegaba a doblarse («*PSA doubling time*»), como indicador del incremento de actividad prostática, cancerígena o no. Para el grupo que no tomaba zumo de granada, el tiempo medio de doblaje fue de 16 meses, mientras que para el otro grupo, el que lo tomaba, el tiempo se alargó hasta los 36 meses.

El té verde contiene también antioxidantes, de modo que puede también ayudarle a prevenir el desarrollo del cáncer de próstata. Sin embargo, los estudios realizados hasta ahora se basan en beber 6 tazas diarias, de modo que si quiere incluirlo en su dieta le sugerimos que lo beba a lo largo del día en lugar de tomarlo caliente sólo un par de veces al día. Dichos estudios parecen prometedores. Un estudio prospectivo, es decir, aquél en el que los resultados van apareciendo a medida que avanza (los más fiables), demostró que en el grupo de sujetos que tomaron té verde, solamente desarrolló cáncer de próstata uno de cada 30 casos, mientras que en el grupo que no lo tomó la proporción fue uno de cada 9. Destacable.

También puede ser recomendable tomar 1 o 2 copas de vino tinto al día con las comidas.

Reduzca las grasas

No las elimine del todo. Tampoco podemos asegurar que reducirlas reducirá su riesgo de padecer cáncer de próstata, pero parece haber suficientes evidencias para desaconsejar la grasa de las carnes rojas (ternera, cerdo, cordero) así como las grasas lácteas. Por otra parte, la grasa de pescados como el salmón puede ser beneficiosa, siendo preferible su consumo fresco o congelado a tomarlo en pastillas.

Reduzca las grasas:

- Consuma salsas basadas en el tomate en lugar de la nata
- Elimine productos de aperitivo, como las patatas fritas
- Evite las carnes rojas
- Quítele la piel al pollo
- Cambie su estilo de cocción. Cocine a la plancha en lugar de freír

- Tome leche y yogurts sin grasa
- Reemplace la grasa por productos derivados de la soja
- Elimine el queso o bien consuma el que tiene poca materia grasa.

Omega 3

Los ácidos grasos omega3 son ácidos grasos esenciales, un grupo que define a aquellos que el organismo humano no es capaz de producir. Están presentes en algunos pescados, generalmente los pescados azules, nueces y otras fuentes vegetales. En los últimos años, favorecidos por su efecto cardioprotector, han sido ampliamente añadidos como complemento nutricional en muchos productos lácteos, aceites, etcétera. También han sido objeto de estudio en el cáncer de próstata, con resultados dispares. No se ha demostrado su efecto protector, pero parece que pueden prevenir la progresión en aquellos pacientes afectados por dicha enfermedad.

Calcio /Zinc: discrepancia de opiniones

Con una alimentación equilibrada, no se necesitan suplementos de calcio pero si los toma, limítese a un máximo de 700 miligramos al día. Algunos estudios no relacionan el consumo excesivo de calcio con el cáncer de próstata, pero otros aconsejan limitar el calcio a un máximo de 2 gramos al día. En resumen, hay discrepancia de opiniones.

Por otra parte, los tratamientos antiandrogénicos para el cáncer de próstata extendido pueden ocasionar osteoporosis, de modo que si Vd. recibe ese tratamiento necesitará un aporte de calcio alto, entre 1000 y 1500 miligramos al día.

Lo mismo ocurre con el zinc. Con una alimentación equilibrada no se necesitan suplementos de zinc. Se encuentra en las nueces, pescado, pollo, etcétera. El límite diario a base de suplementos debe quedar en los 25 miligramos al día. Algunos dietistas indican que un consumo excesivo durante años puede ocasionar cáncer de próstata.

Soja

La baja tasa de cáncer de próstata en Asia puede que sea debida en parte a un dieta rica en soja, pero no está comprobado que la misma reduzca el riesgo de sufrirlo, aunque puede tener un rol protector. No obstante, no le hará ningún daño consumir suplementos o productos que contengan soja, como el tofu (queso de soja).

Cereales y legumbres

La dieta mediterránea incorpora el consumo de cereales y legumbres (garbanzos, lentejas, judías) que pueden tener efectos protectores y, por tanto, se recomienda su consumo. Lo mismo ocurre con el pan integral, los cereales y la pasta.

¿Qué puede hacer mi dieta para reducir el riesgo de un cáncer de próstata?

La tabla siguiente resume la información de este capítulo. Le propone alimentos que debería consumir en mayor medida o añadir a su dieta. Una dieta saludable, junto con ejercicio físico regular, serán beneficiosos para su salud y puede que reduzcan el riesgo de desarrollar cáncer, enfermedades cardíacas y diabetes.

¿Qué debería tomar?	¿Por qué?	¿Cómo incluirlo en la dieta?
Frutas y vegetales	Reducen el riesgo de cáncer	Coma 5 porciones (5 x 80 gramos = 400 gramos) día. Incluya el «arco iris de colores» en su dieta
Vegetales crucíferos	Puede que ayuden a prevenir el CdP	Coma más brócoli, coliflor, col o repollo, col de Bruselas, etcétera
Selenio/ Vitamina E	Puede que ayuden a prevenir el CdP	Tome nueces, semillas de calabaza, girasol, sésamo, pan, cereales, pescado y pollo
Licopeno	Puede que reduzca la progresión del CdP	Tome tomates cocinados, sandía, pomelo, papaya, etcétera.
Zumo de granada	Puede que reduzca la progresión del CdP	Tome un vaso diariamente
Té verde	Puede que ayude a prevenir el CdP y su progresión	Tome té verde en lugar de otras bebidas a lo largo del día (varias veces)
Pescados grasos	Puede que reduzca la progresión del CdP	Tome 2 o 3 veces a la semana sardina, caballa, salmón, atún, gamba, etcétera
Soja	Puede que ayude a prevenir el CdP	Pruebe el tofu (queso de soja) y productos con soja
Legumbres	Puede que ayude a prevenir el CdP	Tome más garbanzos, lentejas y judías
Cereales	Reducen el riesgo de cáncer	Tome pan integral, cereales, pasta
Vino tinto	Puede que ayude a prevenir el CdP	Tome 1- 2 copas al día en las comidas
Omega 3	Puede que reduzca la progresión del cáncer	Tome pescado azul, nueces y productos enriquecidos con Omega 3

Tabla 9.1. *Dieta para reducir el riesgo de cáncer de próstata*

10. Preguntas
y respuestas

¿Qué diferencias existen entre el adenoma y el carcinoma de la próstata?

El adenoma es el crecimiento de tejido benigno de la próstata que requiere tratamiento médico o quirúrgico cuando provoca síntomas obstructivos urinarios. El carcinoma de próstata es la presencia de un grupo de células diferentes a las normales de la glándula y que comienzan a desarrollarse de forma anárquica y veloz, pudiendo producirse, si el diagnóstico es tardío, la extensión hacia otros órganos vecinos como la vejiga o el recto y/o la posibilidad de que células cancerosas migren por vía sanguínea o linfática produciéndose metástasis en los ganglios linfáticos o en órganos distantes (por ejemplo los huesos).

Ambos procesos pueden coexistir en el mismo paciente y por ello es aconsejable acudir al urólogo cuando existan síntomas urinarios (él realizará la distinción entre uno y otro proceso).

¿Cuándo es recomendable realizar visitas preventivas de cáncer de próstata?

En general es recomendable realizar controles de cáncer de próstata a partir de los 50 años, aunque existen diferencias en la incidencia de cáncer de próstata entre diferentes países. Los familiares directos de pacientes que han sido diagnosticados de cáncer de próstata deben realizar visitas preventivas también a partir de dicha edad a pesar de que el cáncer de próstata familiar represente sólo el 9% del total.

El análisis de PSA ¿sirve para el diagnóstico precoz de cáncer de próstata?

Es un instrumento muy eficaz que por sí solo ha permitido reducir la mortalidad por cáncer de próstata, pero no es perfecto. La combinación de la exploración física mediante tacto rectal y la racionalización del empleo de la ecografía transrectal con biopsia ecodirigida (el test PCA3 puede ayudarnos en la selección de los candidatos a la biopsia) es muy importante para un diagnóstico final certero.

¿El llamado PIN de Alto Grado es igual que el cáncer?

No. Este grupo de pacientes debe ser vigilado en su evolución clínica dado que alrededor del 30% puede desarrollar un cáncer en el futuro. En general, y salvo criterio individualizado en cada caso, se aconseja no volver a hacer una biopsia antes de un año después de la biopsia que puso en evidencia el PIN.

¿Qué significa en el informe de biopsia el término ASAP (microglándulas atípicas sospechosas)?

Se trata de un grupo de células prostáticas con anomalías celulares, lo que puede indicar la presencia de un carcinoma actual (hasta en un 38% de los casos) o próximo, por lo que se recomienda una nueva biopsia en un período aproximado de entre 3 y 6 meses.

¿Cuándo y cómo debe realizarse la biopsia de la próstata?

La biopsia de próstata está indicada en todos los casos en los que se aprecia en el tacto rectal de la próstata un nódulo sospechoso, con independencia del nivel de PSA. Asimismo puede estar indicada cuando el PSA total se encuentra en valores superiores a 4 ng/ml estableciéndose un segmento de 4 a 10 ng/ml en los que estaría indicado el análisis del PSA libre que establecería, mediante un cociente o ratio con respecto al PSA total la necesidad o no de realizar una biopsia (ver capítulo 3). Cuando el PSA es mayor de 10 ng/ml debe hacerse una biopsia directamente y también puede ser indicación de biopsia un aumento del nivel de PSA de 0,75 ng/ml en un año.

Una vez diagnosticado un paciente de cáncer de próstata en situación localizada ¿Cuál es el mejor tratamiento para su curación?

No existe una respuesta única. El especialista debe valorar con el paciente las distintas variables en relación con el proceso tumoral y las expectativas en cuanto a calidad de vida. La cirugía ha sido y hoy continúa siendo, el procedimiento elegido por la mayoría de especialistas y pacientes y el que permite un mejor conocimiento del estado real de la enfermedad, dado que extraemos y el patólogo analiza con pormenor el órgano enfermo. No obstante, los efectos adversos que depara, aunque menores respecto a años atrás, obligan a seleccionar bien los candidatos y derivar, algunos casos menos agresivos, hacia terapias con menor invasividad como la braquiterapia, HIFU o crioterapia, si bien éstas no están exentas de efectos adversos.

¿Existen diferencias en cuanto a resultados oncológicos y funcionales según que la prostatectomia se realice por vía abierta o laparoscópica?

No. La mayoría de estudios publicados no menciona diferencias en los resultados funcionales (continencia urinaria y disfunción eréctil) según el método elegido. Sí existen, en cambio, mejores resultados en cuanto al tiempo de ingreso del paciente, dolor en el postoperatorio inmediato y tardío y menores tasas de sangrado intraoperatorio en los pacientes operados mediante laparoscopia.

¿Cuáles son los principales efectos adversos después de la cirugía?

Son fundamentalmente la incontinencia urinaria de esfuerzo y la disfunción eréctil (DEP) o impotencia en grados variables. La incontinencia es por lo general temporal y abarca un período de tiempo que oscila entre 1 y 8 meses. La realización de los ejercicios Kegel para fortalecer los músculos de la pelvis puede mejorar y acelerar su control y sólo en los casos muy incapacitantes (menos del 2%) puede estar indicada la colocación de prótesis.

La disfunción eréctil (DEP) también es muy variable en cuanto a su intensidad y duración. Dependerá de factores relacionados como la conservación de las bandas neuro-vasculares y por lo general la tienen todos los pacientes durante el primer año después de la cirugía. La instauración precoz en el postoperatorio de drogas vasoactivas como sildenaafilo, vardenafilo y tadalafilo parece mejorar la DEP asociada a la prostatectomía.

La presencia de «márgenes positivos» después de la prostatectomía ¿obliga siempre a un tratamiento con radioterapia?

No. Este grupo de pacientes puede ser «vigilado» y pospo-ner la realización de la radioterapia al momento en que el PSA se eleve por encima de 2,5 ng/ml. En esta situación también puede plantearse la instauración de bloqueo hor-monal.

¿Cuándo consideramos que un tratamiento con radioterapia no ha ido bien?

Para cualquiera de las técnicas radioterápicas, considera-mos que una elevación de 2 ng/ml por encima del valor de PSA más bajo obtenido tras la radioterapia es un criterio para plantearse un tratamiento complementario o de res-cate.

¿Cuáles son los tratamientos a plantear cuando existe progresión de la enfermedad después de la radioterapia?

Los pacientes en esta situación pueden ser operados (aun-que las condiciones de la zona pueden producir un incremento de las complicaciones quirúrgicas), se les puede realizar HIFU (recomendación de la Asociación Francesa de Urología) o crioterapia.

Para los pacientes en los que se desestima la realización de cualquiera de las anteriores terapias puede instaurarse un bloqueo hormonal.

¿Qué se puede hacer cuando la enfermedad diseminada (con metástasis) avanza a pesar del bloqueo hormonal)?

Es necesario plantearse tratamientos combinados con sustancias capaces de combatir las metástasis óseas y el dolor producido por ellas (ácido zoledrónico) y regímenes de terapias basadas en la quimioterapia (Ver capítulo 8).

11. La perspectiva del paciente
Enric Barba

Creo que el testimonio de un paciente puede ayudarle aún más a concienciarse del **valor de un diagnóstico precoz**. De hecho ése fue el principal motivo de colaborar con el Dr. López en la redacción de este libro, compartir con el lector mi experiencia a fin de animarle a hacerse revisiones periódicas y si tiene la mala suerte de que le detecten un cáncer de próstata, enfrentarse a él.

Desde los 48 años disponía del dato del PSA que se me proporcionaba en la revisión médica anual de mi empresa. El valor había sido siempre estable: 3,8 ng/ml (10/2005), 3,66 ng/ml (6/2006), 3,96 (12/2006). Estaba tranquilo, una falsa seguridad, porque el documento del laboratorio indicaba que 4 ng/ml es el valor normal límite.

No esté tranquilo porque el PSA esté por debajo de 4

Tal como se explica en el capítulo 3, el PSA depende de la edad. Un individuo menor de 50 años debería tener un PSA de sólo 2,5 ng/ml aunque debe saber que es posible que un cáncer se desarrolle también con un PSA aún más bajo.

Tenemos a personajes famosos como ejemplos de la afirmación anterior. En la sección 3.1 se recordaba al general Norman Schwarzkopf (Guerra del Golfo, 1991), quien sufrió cáncer de próstata con un PSA de sólo 1,2. Al Dr. Fuller, autor de un libro superventas sobre el CdP,[26] se le detectó con 66 años un cáncer de nivel intermedio al hacerle una biopsia, tras un PSA de sólo 3,3 y una ecografía perfecta. Al senador John Kerry (que si recuerda fue candidato presidencial de los EE.UU en 2004) se le detectó también un cáncer con un PSA de sólo 3,4.

En un reciente estudio publicado en marzo 2009 sobre la eficacia del test del PSA en 7 países europeos,[27] incluida España, efectuado en 182.000 hombres con edades entre 50 y 74, el límite de PSA utilizado en la mayoría de los centros como indicación para biopsia fue de 3 ng/ml. En Italia y Finlandia el límite se mantuvo en 4 pero, no obstante, en Italia a los varones con un PSA entre 2,5 y 3,9 se les hacían pruebas adicionales (tacto rectal y ecografía transrectal) y en Finlandia a los varones con un PSA entre 3 y 3,9 se les hizo tacto rectal hasta 1998 y a partir de 1999 se calculaba la relación entre el PSA libre y el PSA total (y si era menor de 0,16 se hacía biopsia).

---

26. *Surviving prostate cancer*, E. Fuller Torrey, MD, Yale University Press, 2006.
27. *Screening and prostate cancer mortality in a randomized european study,* Schröder y otros, New England Journal of Medicine, 26 Marzo 2009.

En realidad la detección precoz debería incluir tanto el tacto rectal como la medida del PSA en sangre y si el valor supera 3 la medida del PSA libre, para calcular su cociente con respecto al PSA total.

¡Al fin y al cabo no hay que tenerle tanto miedo al tacto rectal!

Volviendo a mi experiencia personal, no fue sino hasta que cumplí los 50 años que superé el famoso límite de 4, por muy poco (4,5 (10/2007), pero dicha cifra fue suficiente para acudir al médico de familia que solicitó la medida del PSA libre.

Tal como explica el Dr. López en el capítulo 3 hay que dividir el PSA libre por el PSA total. Si el cociente es menor de 0,2 (20%) malo.

Esto es lo que yo obtuve según el informe del laboratorio:

PSA = 4,66
PSA LIBRE = 0,454
RATIO (PROPORCION) = 0,454/4,66 = 0,10, es decir un 10%.

El mismo informe del laboratorio decía: *La proporción PSA libre /PSA total es inferior al 0,18 en el 76% de pacientes con neoplasia de próstata, siendo superior a 0,2 en el 80% de pacientes con HPB.*

Si observa la gráfica de la Figura 11.1 para el color azul (grupo entre 50 y 64 años) una proporción por debajo del 10% dispara al 50 % la probabilidad de tener cáncer de próstata.

La perspectiva
del paciente

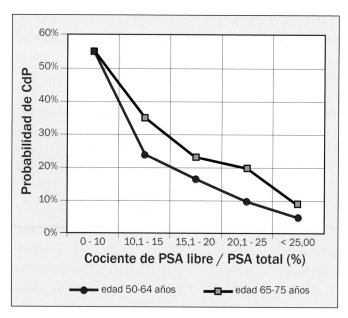

Figura 11.1. *Probabilidad de Cáncer de Próstata (CdP) medida en porcentaje en dos grupos de edades (50 a 64 años y de 65 a 75 años) en función del cociente de PSA libre/PSA total.*

Fuente: PSA en Wikipedia. Tomada de Catalona W. y otros (1998). «Use of the percentage of free prostate-specific antigen to enhance differentiation of prostate cancer from benign prostatic disease: a prospective multicenter clinical trial.». JAMA 279 (19): 1542-7

El médico de familia me animó y me dijo que no me preocupara, que nunca había visto a nadie de mi edad con cáncer de próstata, que a su cuñado, de mi misma edad, le habían hecho una biopsia y no le habían encontrado nada. Eso sí, me recomendó visitar a un urólogo.

«El camino al cementerio está lleno de gente con buenas intenciones», dice el refrán, «y de aquellos que siguieron sus consejos». Además, uno no tiene por qué tener la próstata con las mismas características que las del cuñado del médico de familia. Vaya a un urólogo que entienda del tema. No confíe en la bondad, porque puede ser ignorante.

Decidí pues acudir a un urólogo. Repetimos análisis (11/2007) y el PSA ¡había bajado a 3,29! y la proporción PSA libre/PSA total había subido al 13%. Si consulta la Figura 11.1 eso reducía la probabilidad de cáncer al 20%. Me hizo un tacto rectal sin detectar ningún bulto y una ecografía frontal donde tampoco se vio nada extraño (próstata de 26 gramos, discreta hipertrofia). Yo volví a cometer el error de quedarme tranquilo por haber bajado de 4. El médico me recomendó hacerme una biopsia inmediatamente por si acaso. Como sabía que la biopsia no era inocua, decidí buscar una segunda opinión.

Acudí al Dr. López, urólogo cirujano, que combina su trabajo en un hospital público con uno privado, buena combinación. El PSA había vuelto a subir a 5,09 (01/2008) pero el ratio seguía en un 13%. Aprendí de él que hay que descartar primero una infección bacteriana antes de hacer una biopsia. Si te pinchan 12 veces y tienes bacterias dentro de la próstata, pueden extenderse por el organismo a través de los agujeros hechos por la biopsia. Hay que descartar o solucionar a priori cualquier posible infección.

> **No se haga una biopsia
> sin descartar antes una prostatitis**

La perspectiva
del paciente

El doctor solicitó un cultivo de semen. Se detectó una bacteria, *proteus mirabilis* la cual eliminé con un tratamiento antibiótico específico (ciprofloxacino) durante 15 días. Con la bacteria eliminada el PSA bajó a 2,96 (02/2008) ¡Qué alegría! Llegué exultante a casa ¡«No tenía cáncer»! Así lo compartí con amigos en el trabajo. Lo que no sabía era que eso resultaría ser falso. Puedes tener una infección y cáncer. De modo que hay que ir con cuidado, factor a factor.

Atención: puede tener prostatitis... y cáncer de próstata

Primer acierto: controles de PSA periódicos

Con muy buen criterio el Dr. López me solicitó un nuevo control de PSA a los 6 meses. En julio de 2008 el PSA aumentó hasta 4,5 y el ratio era de un 12%. Repetimos a los 3 meses (10/2008) y el PSA fue 5,21, esta vez sin infección. La proporción PSA libre /PSA total fue de 0,11 (11%), aún peor .Ahora, el protocolo dictaminaba biopsia porque además la situación era preocupante. La denominada velocidad de PSA, el aumento de PSA a lo largo del tiempo, había sido superior a 2 en menos de un año (5,21 – 2,96 = 2,25) y ese aumento anual, según varios expertos,[28] es muy importante a la hora del pronóstico de un cáncer de próstata.

En ese momento supe que ya no me podía escapar de la biopsia. Había leído acerca del caso del senador John Kerry

---

28. ANGULO, Javier y LEIVA, Óscar. *Cáncer de próstata*, Asociación Española de Urología, 2007.

a quien le salvó su esposa. En noviembre 2002 la revisión de PSA dio el resultado de 3,2 (noten que está por debajo de 4), pero como su esposa guardaba los análisis de diciembre 1999 (PSA de 2,0) y de febrero 2001 (PSA de 2,7) y se evidenciaba por tanto un aumento fue al urólogo al mes siguiente. Se le hizo un tacto rectal que no detectó nada anormal y se repitió el control de PSA que siguió subiendo hasta 3,4 de modo que decidieron en ese momento hacerle una biopsia: ¡Cinco de las agujas encontraron células cancerosas![29]

Segundo acierto: la biopsia debe tener un número suficiente de cilindros

¿Cuántas agujas? Recuerde que el hecho de que en las muestras de la biopsia no le encuentren cáncer no garantiza que no lo tenga, sino sólo que en las muestras que le han tomado no se detecta, lo que no significa que no esté en otras zonas. Tenga en cuenta que a Vd. no le examinan toda la próstata, sino sólo unas muestras. En mi caso, por mi edad, no valían sólo 6 como se hace en algunos centros (véase el capítulo 4). Acordamos conjuntamente con el médico una biopsia de 12 muestras.

Tercer acierto: el urólogo debe asesorar al ecografista

Podía hacerme la biopsia en muchos centros pero elijo que, aunque la efectúe un ecografista, el doctor López esté a su lado indicando la zona dónde tomar las muestras. Eso resultaría ser vital como veremos. Fue el 28/11/08. Estuve

La perspectiva del paciente

---

29. *Surviving prostate cancer*, E. Fuller Torrey, MD, Yale University Press, 2006

sedado. No sentí nada. Perfecto. Por ello, no entiendo por qué en determinados centros se hace sufrir a los pacientes haciéndoles biopsias sin sedación.

Inmediatamente después de la biopsia, el Dr. López me visitó y me comentó que le había pedido al ecografista que pinchase en los lugares donde había encontrado cáncer en otros casos de su experiencia pasada. Sin embargo, quiso añadir que no había visto nada extraño en la imagen, de modo que esperaba que todo saliera bien. En su parte de salida incluso anotó «*HBP. Pendiente diagnostico patológico*». Estaba muy contento junto con mi familia. Aún recuerdo con cariño la visita de Manel Lao, vicepresidente de CIRSA, que vino a verme al hospital para darme ánimos y, según sus palabras: «por si acaso lo necesitaba, a traerme un bocadillo».

Aunque creía que tenía una probabilidad baja de tener cáncer, invertí los días que pasaron en espera del análisis patológico investigando los posibles tratamientos en libros especializados (al fin y cabo de algo te tiene que servir haber hecho una tesis doctoral) y decidí que si tenía cáncer me haría una prostactetomía radical laparoscópica. Hice como el general Schwarzkopf, que cuando le comunicaron que tenía cáncer dijo: «Para mí fue como en la guerra. Lo primero que tenía que hacer era aprender acerca del enemigo», aunque en mi caso lo hice por anticipado.

Fui a recoger el resultado solo. Tenía un mal presentimiento y no quería agobiar a mi esposa.

El resultado del patólogo fue un shock: cáncer con un Grado Gleason 6 (3+3). Clasificado como cT2a. Exclamé: «Podía haber sido un Gleason 2» y añadí un taco. Pero luego descubrí que lo normal es detectarlo a partir de 6 ya que los grados 2, 3 y 4 no suelen encontrarse porque no hacen subir el PSA lo suficiente como para hacerse una biopsia. Pero lo bueno es que se había detectado en tan sólo una de las 12 agujas, por tanto, el tumor debía ser pequeño, como así fue, y ése era otro factor de buen pronóstico. Comentamos ese mismo día las posibles opciones terapéuticas pero ya le anticipé al Dr. López que prefería la cirugía laparoscópica a pesar de sus inconvenientes.

No podía aceptar una espera vigilada, la primera opción. No tengo carácter para eso. Pensar que tienes un órgano con cáncer, que puede generar metástasis y que cada equis meses te vas a medir el PSA por si evoluciona mal, esperando que eso no ocurra, me parece una alternativa arriesgada (aunque estuvo de moda en Suecia hace años). Tampoco sabía si habría infraestadiaje,[30] es decir, si el grado Gleason de 6 (3+3) de la biopsia, se convertiría en un grado 7 (4+3) al analizar toda la próstata.

A lo mejor mi cáncer no evolucionaba con rapidez, de acuerdo. Pero ¿quién puede conocer el futuro?

Teniendo en cuenta el fenómeno de recurrencia (ver capítulo 7), es decir, que a un determinado porcentaje de los que

La perspectiva del paciente

---

30. Ver capítulo 4.

se les extirpa la próstata, el PSA les vuelve a aumentar, indicando que el cáncer no está eliminado, lo que significa que tras la extirpación puede que tengas que recurrir a la radioterapia, descarté como primera opción la braquiterapia (semillas radioactivas insertadas en la próstata), aunque está muy de moda estos días, incluso con publicidad en prensa convencional. Motivos: primero, el PSA no baja inmediatamente a cero; segundo, aparte de radiarte la próstata, te radian el resto de órganos próximos y tercero, una vez que adoptas el camino de la braquiterapia si luego el PSA sigue aumentando la opción de cirugía tiene muchas más complicaciones. En cambio, con la cirugía, si la cosa empeoraba, siempre podía recurrir a la radioterapia y en situación límite a la terapia hormonal. El profesor Wasserburg[31] al que se le detectó el cáncer a los 52 años y que ha pasado por ese *via crucis* de los tres tratamientos en secuencia es un ejemplo real, aunque se te ponen los pelos de punta al leer su experiencia.

Cuarto ¿acierto / error?: elegir el tratamiento con mayor esperanza de vida

En base a los informes disponibles en libros especializados, elegí el tratamiento que creía me ofrecía una mayor esperanza de vida, calculada como el mayor índice de supervivencia libre de progresión bioquímica (PBQ) a 10 años (es decir, que no te vuelva a subir el PSA en 10 años, lo que significaría que reaparece el cáncer): **la prostatectomía radical.**

---

31. *Disfiguring treatment? No, it was healing*, The New York Times, 27 Marzo 2007.

El Dr. Luján[32] del Hospital Universitario de Getafe la denomina «el patrón oro del tratamiento del CdP localizado». Como el Dr. López es cirujano y coincidía también en que era el mejor protocolo a seguir, no hubo más discusión. Sólo añadir que elegimos la cirugía laparoscópica (ver Figura 5.1) porque el postoperatorio es mucho más rápido y sencillo.

Pero eso sí, requiere un cirujano con mucha experiencia, lo que significa, según los informes que consulté, acudir a un cirujano que haya hecho más de 50 operaciones. En cuanto a que sea asistida por ordenador o no (el equipo Da Vinci que usa un potente ordenador está disponible en algunas clínicas) le pregunté al Dr. López: «¿Cuántas prostactetomías laparoscópicas ha hecho?». «Ciento cincuenta»- me contestó. «Perfecto. Me opera Vd. No creo que necesite ayuda de un ordenador», le dije.

Quinto acierto: usar un sistema que minimice el sangrado

Me indicó que utilizaría como bisturí un equipo que minimiza el sangrado y reduce la estancia hospitalaria. Fue un acierto. No se necesitó ninguna transfusión sanguínea.

La perspectiva del paciente

Era la semana antes de Navidad cuando me diagnosticaron el cáncer y preferí operarme el 14 de enero. Así tendría tiempo para estar con mi familia y con amigos próximos.

---

32. *Significado de la progresión de PSA tras prostatectomía radical. Resultados preliminares.* Actas urológicas españolas, abril 2006. pág. 353-358.

Necesitaba su ayuda. Compartí con ellos mi enfermedad y eso para mí fue de gran ayuda. Entiendo y respeto a los que viven en secreto una enfermedad de este tipo, pero ese enfoque tampoco va con mi carácter. La ayuda emocional que recibí de familiares, amigos y compañeros de trabajo me ayudó a superar el shock inicial. Agradezco en particular los consejos de Carles Martínez, un diseñador del área de I+D de la empresa, que justo había sufrido unos meses antes una intervención similar y el ánimo que me dio Paco Solé, catedrático y amigo desde que fue mi profesor hace 30 años, con quien comí en el restaurante 7 Portes junto con unos amigos, una semana antes de la intervención.

Llegué preparado al quirófano. Aún estaba lo suficientemente tranquilo como para observar que la pulsera de mi muñeca correspondía a otro paciente y advertírselo a las enfermeras. ¿Se imaginan que le extirpan la próstata a otro? (Nunca hay que perder el sentido del humor).

La operación fue un éxito. Me recuperé bien de la anestesia y hasta pedí ver por TV el partido de fútbol Barça-At. Madrid. Estuve sólo 4 días en el hospital Quirón recibiendo las visitas de familiares y amigos, lo que siempre se agradece.

Por supuesto no me libré de sufrir los inconvenientes del postoperatorio habituales tras una intervención de este tipo. El catéter de Foley es un gran invento pero muy molesto, de modo que agradecí al Dr. López que me lo retirara sin problemas a las dos semanas, lo que me permitió reintegrarme al trabajo, aunque vía Blackberry y teléfono había estado conectado desde la primera semana. La intervención laparoscópica tiene un impacto mínimo en la vida profesional. Los ejercicios de Kegel dos veces al día 10 minutos por la mañana y 10 por la noche me permitieron recuperar la continencia urinaria en tres meses. Los hice con disciplina militar siguiendo los consejos del Dr. López: «El alumno aplicado saca las mejores notas». La toma de 5 miligramos diarios de tadalafilo ofrece resultados prometedores.

Rememorando esa época (parece tan lejana cuando fue tan sólo hace un año) no tengo palabras suficientes para destacar el cariño y la ayuda inestimable de mi esposa, Pepi, que estuvo conmigo de enfermera día y noche, animándome a superar ese período difícil.

El valor de la ayuda que pueden dar las esposas a sus cónyuges afectados por esta enfermedad se pone de manifiesto en un libro de 2006 que cita un estudio que mostraba que los hombres casados con cáncer de próstata viven un 40% más que los solteros, siendo el porcentaje en el caso de los divorciados un valor intermedio.[33]

En una pareja estable, enfrentarse juntos al cáncer de próstata puede ayudar a superar esa experiencia. Mi esposa fue, y sigue siendo, una ayuda maravillosa para superarla, haciendo que todo fuese infinitamente más fácil de manejar.

---

33. *Surviving prostate cancer,* E. Fuller Torrey, MD, Yale University Press, 2006.

La angustia tras la operación nos duró unas semanas hasta recibir el informe del patólogo que examinó toda la próstata extraída (que pesaba ya 54 gramos, ¡había doblado su peso en tan sólo 1 año!). El informe fue muy bueno. Seguía siendo un T2a (ahora pT2a), es decir, coincidían los informes pre y post extracción en el nivel de clasificación, cáncer localizado y un grado Gleason 6 (3+3). No había infraestadiaje y sí buen pronóstico. El tumor medía menos de 1 centímetro y no afectaba a la cápsula ni tenía márgenes positivos. No tenía ninguno de los factores de pronóstico desfavorables (Ver puntos clave del capítulo 4). Adjunto como anexo el informe patológico como ejercicio práctico real porque si ha leído en detalle este libro Vd. será capaz de entenderlo perfectamente.

Brindamos por la noche en casa con cava. El mayor riesgo son los próximos dos años. De modo, que ahora sólo me queda medirme el PSA cada 6 meses y esperar que se mantenga al nivel actual de 0,04 ng/ml el resto de mi vida.

El párrafo siguiente está dedicado al lector con conocimientos estadísticos o que quizás se haya leído mis libros (o bien sea un ex alumno) sobre la metodología estadística Six Sigma. Una información estadística útil tras ver el informe del patólogo después de la operación es el uso de las tablas de Han,[34] desarrolladas por Misop Han y otros en el Instituto Urológico James Buchanan Brady del Hospi-

---

34. Las tablas de Han están disponibles en inglés en http://urology.jhu.edu/prostate/hanTables.php

tal John Hopkins. Han correlaciona tres factores en un análisis multivariante: el nivel PSA, el grado Gleason y el estado patológico para predecir con ellos la probabilidad de recurrencia del cáncer hasta 10 años después de la cirugía. Eso ayuda a decidir el mejor tratamiento post operatorio. No es del todo exacta porque no distingue por ejemplo entre un PSA de 4 o de 10 pero da una información predictiva bastante útil.

Si introduzco mis datos en el modelo post-operación de su página web,

Rango PSA: 4,1-10
Gleason Score: 6
Estado: Enfermedad confinada al órgano,

obtengo para mi caso en concreto las siguientes probabilidades predictivas de recurrencia del cáncer con un intervalo de confianza del 95%:

3 años después de la cirugía: 2%
4 años después de cirugía: 3%
7 años después de la cirugía: 4%
10 años después de la cirugía: 6%

Observe que las probabilidades no son nulas pero sí bastante bajas, de modo que espero que todo siga bien.

Algunos amigos y algunos urólogos consideran que me equivoqué en la terapia, que en mi caso era mejor la braquiterapia que la prostatectomía. Respeto su opinión pero no la comparto por los motivos antes expuestos. Lo más importante es que uno tenga claro por qué toma una decisión con la información que tiene a priori, que es limitada.

Por otra parte, algunos médicos consideran que un paciente no tiene que intervenir en la decisión, que no está cualificado, que sólo es el urólogo el que debe tomarla. Puede que sí y puede que no. En mi caso en particular, trabajé varios años en el sector de la radiología, cursé haciendo el doctorado varias asignaturas sobre bioingeniería y tampoco se me da mal la estadística

Yo creo que depende del paciente y depende del médico. La relación de confianza que se establezca entre el médico y el paciente es fundamental. Piense que como paciente está depositando su esperanza de vida futura en el médico que tiene enfrente. Si no confía en él, busque otro especialista. Lo importante es tener claro, tras consultar con su urólogo, por qué se decide por una terapia u otra y no arrepentirse de esa decisión. Está decidiendo sobre su vida.

Como en cualquier otro sector, los intereses económicos juegan su papel y sesgan muchas opiniones. De modo que tenga eso también en cuenta a la hora de pedir una segunda opinión médica.

Y luego, lo más importante, es consultar con su pareja. La decisión de la terapia a seguir deberá tener en cuenta su opinión a la hora de optar por uno u otro tratamiento. La ayuda de la familia próxima resultará vital al enfrentarse al cáncer. Creo que es mejor alternativa que acudir al psicólogo. Pero puede que Vd. lo necesite para enfrentarse al cáncer, en especial, si vive solo.

Pero lo más importante, nunca se arrepienta de la decisión tomada en base a la información disponible en ese momento. No maldiga su mala suerte, no pierda energías intentando averiguar el por qué. Levántese, cúrese las heridas, y siga corriendo. No se rinda nunca. No se lo puede permitir.

ANATOMÍA PATOLÓGICA **QUIRÓN**

GRUPO HOSPITALARIO

QUIRÓN BARCELONA
Plaza Alfonso Comín, 5-7 · 08023 BARCELONA · Tel. 932 850 000 - Fax 932 107 561

Informe Numero   M143-09   **Fecha de Emision:**   15-ene-09

B. Se recibe un fragmento que llega rotulado con un margen de pared lateral que mide 1 cm. IT.

EXAMEN MICROSCÓPICO

TUMOR
Tipo histológico: Adenocarcinoma
Grado de Gleason: Primario: 3
                              Secundario: 3
                              Total: 6
Localización del tumor: El nódulo tumoral se halla ubicado a nivel del lóbulo derecho y mide 0,9 cms. Porcentaje de bloques infiltrados por el tumor: 10%.
Extensión local del tumor:
a. Extensión extraprostática: No.
b. Vesículas seminales: No.
c. Nervios intraprostáticos: Si. Se visualizan abundantes filetes nerviosos con permeaciones peritumorales.
d. Invasión vascular: No.
Márgenes de resección: Negativos.
Cuello vesical, apex y ambos márgenes laterales de los lóbulos derecho e izquierdo respectivamente.
Otros hallazgos microscópicos:
PIN de alto grado de distribución difusa.

B. Fragmento representado por tejido fibroso, vasos de variado calibre, filetes nerviosos y tejido adiposo. No se evidencian cambios neoplásicos.

Diagnostico   A. Pieza quirúrgica de prostatectomía radical:
1. Adenocarcinoma de próstata Gleason 6 (3+3).
Neoplasia unilateral y unifocal. El foco tumoral se halla situado a nivel del lóbulo derecho y mide 0,9 cms.
Se observan focos de invasión perineural.
2. Márgenes de resección negativos: ambos márgenes laterales, lóbulos derecho e izquierdo, apex y cuello vesical.
B. Margen lateral de pared:
Sin evidencia de neoplasia.

pT2a.

Grupo Hospitalario Quirón, S.A. · Paseo Mariano Renovales s/n, 50006 ZARAGOZA
Inscrita en el Registro Mercantil de Zaragoza, Tomo 1.915, Folio 117, Hoja nº Z-16.190, CIF. A-20031076

Q-110

Anexo. *Informe patológico.*

Bibliografia

Libros

ANGULO, Javier y LEIVA, Óscar. *Cáncer de próstata*. Asociación Española de Urología.2007.

Cancer Facts and Figures 2008. American Cancer Society

CARBALLIDO, J. y otros. *101 preguntas en Cáncer de Próstata*. Editado por Ipsen. 2008.

CASAS, Francesc. *Calidad de vida en Cáncer de Próstata*. Ed. Visto Bueno Equipo Creativo SL, Madrid, Abril 2008.

FULLER TORREY, E. *Surviving prostate cancer*. MD, Yale University Press, 2006.

Guía Práctica Clínica sobre tratamiento de CdP, Septiembre 2008, Ministerio de Sanidad y Consumo.

Lo que Vd. necesita saber sobre el CdP. National Cancer Institute, EE.UU.

TAGUCHI, Yosh. *La próstata*. Ed. Amat, Barcelona, 2001.

Bibliografia

Artículos científicos

ANDRIOLE, G. y otros. *Mortality Results from a randomized prostate-cancer screening trial.* New England Journal of Medicine, 26 de marzo de 2009.

CANSINO ALCAIDE, J.R. y otros. *Prostatectomía radical laparoscópica. Revisión de la literatura. Nuestra experiencia.* Actas Urológicas Españolas. Mayo 2006: 30(5). 517-530.

FERLAY, J., AUTIER, M., BONIOL, M. y otros. *Estimaciones de la incidencia y de la mortalidad en Europa en 2006.* Annals Oncology 2007, 18:581-92.

FICARRA y otros. *Retropubic, laparascopic and robotic assisted radical prostatectomy: a systematic review and cumulative analysis of comparative studies.* European Urology. 2009. Jan 25.

LUJAN GALÁN, M. y otros. *Significado de la progresión del PSA tras PR.* Actas Urológicas españolas Abril 2006: 30(4): 353-358

MONTORSI, F. y otros. *Efecto del vardenafilo administrado cada noche o a demanda en la recuperación de la función eréctil en varones tras prostatectomía radical con preservación nerviosa lateral.* European Urology (54). 2008. 924-931

Perspective Roundtable: Screening for prostate cancer, New England Journal of Medicine, 26 de marzo de 2009.

SCHRÖDER y otros. *Screening and prostate cancer mortality in a randomized european study.* New England Journal of Medicine, 26 de marzo de 2009.

Páginas web de interés en castellano

http://www.cancerdeprostata.org/index.php

http://www.prostate-cancer.org/espanol/index.html

http://www.cancer.gov/espanol

http://www.cancer.gov/publications

http://www.cancer.gov/espanol/pdq/tratamiento/
prostata/healthprofessional

http://www.cancer.gov/espanol/pdq/tratamiento/
prostata/Patient

http://www.nlm.nih.gov/medlineplus/spanish/ency/
article/000380.htm

http://www.todocancer.com/ESP/

http://www.problemasdeereccion.com/

Páginas web de interés en inglés

http://www.prostate-cancer.org.uk

http://urology.jhu.edu/prostate/hanTables.php

http://www.nlm.nih.gov/medlineplus/spanish/ency/
article/007300.htm

http://www.prostateca.asco.org/CancerPortals/
Prostate+Cancer

http://www.cancerscreening.nhs.uk/prostate/news/
qa.html

Bibliografía